昭和金融恐慌と薩州財閥

——川崎造船所・十五銀行　崩壊の軌跡

ラグーナ出版

はじめに

今から93年前の1927（昭和2）年、昭和金融恐慌が起きた。きっかけは不況下の日本で、当時の大蔵大臣の失言によるものだったが、これを契機に「薩州財閥」の中核企業だった川崎造船所と十五銀行が経営破たんした。

川崎造船所の創業者は薩摩人の川崎正蔵（1837－1912）。十五銀行の頭取は総理大臣を務めた薩摩人の松方正義（1835－1924）の長男・松方巌（1862－1942）だった。

川崎造船所と十五銀行の救済は国政を巻き込み、迷走に迷走を重ねた。

伊藤博文（1841－1909）を筆頭とする長州閥の政治家と距離を置いた川崎は、薩摩閥の政治家に接近し業績を伸ばした。その後川崎造船所は、川崎重工業として世界的な企業に発展した。

川崎は三菱造船所を創業した岩崎弥太郎（1835－85）とは宿敵で、岩崎を支えたのは土佐閥と長州閥だった。

国政が藩閥政治で動いた明治期。大正期に入っても藩閥政治が水面下で続いた。

川崎は総理大臣松方正義の家系と深く結びついた。大久保利通（1830－78）を頂点に五代友厚（1836－85）や松方正義とつながる薩摩閥の系譜を利用し、川崎は「薩州財閥」を築いた。「薩州財閥」の一族は明治期から昭和初期まで政財界に君臨したが、今はその言葉さえも消えた。

川崎の人物像を描いた書籍は1918（大正7）年9月に発行された『川崎正蔵』がある。この書籍が川崎正蔵研究の原書になっている。この書籍は、鹿児島出身のジャーナリストで、雑誌『改造』などを創刊した山本実彦（1885－1952）が親族らに直接取材し上梓した。書籍は川崎の7回忌（大正7年）に参列者へ配られたもので、親族や関係者の存在を意識し情緒的な記述も散見される。事実関係の正確な検証や企業人としての川崎の評価が見落とされている。

世界的な企業に発展した川崎重工業。その創業者川崎正蔵の生涯は、松方正義の長男・松方巌が頭取を務めていた十五銀行による無担保融資、松方正義の三男・幸次郎（1866－1950）による川崎系企業の経営支配、さらに日露戦争や満州国建国など当時の世界情勢と複雑に絡みあった。

これらの出来事と薩摩人脈を重ねることで明治期から昭和初期に君臨した「薩州財閥」の実像が浮かび上がる。

また川崎正蔵と松方幸次郎の実像を探る共通の手がかりとして二人の美術品収集がある。明治中期、神戸市布引《ぬのびき》にあった川崎の美術館には多くの美術品が収蔵されていた。美術館の開館式典には伊藤博文も来館。国宝級の美術品も収蔵されていたが昭和期に入り、川崎美術館とその収蔵品は跡形もなく消えた。今はこの敷地内に山陽新幹線の新神戸駅がある。

川崎造船所の社長に約30年間君臨した松方幸次郎は、川崎の美術品収集を見習うように、在任中に欧州で美術品の収集を続けた。

松方コレクションと呼ばれる絵画類が展示してある東京上野の国立西洋美術館。松方コレクションは松方幸次郎が収集した膨大な美術品群で、戦後になって日本に寄贈返還された。しかし、すべてが返還されたのではなく一部はまだフランスにある。

株式会社川崎造船所の初代社長に就任した松方幸次郎は戦前最大の労働争議にも直面した。

1921（大正10）年夏、経営不振を理由に約1万人を解雇した。争議には暴力団なども加わり、死傷者を多数出した。川崎争議は社会問題に発展したが、松方社長は欧州に滞在し、すぐに帰国しなかった。

なぜすぐに帰国しなかったのか。松方社長は日本政府から「特別な任務」を与えられていた、という説がある。

日本で最初に潜水艦を製造した川崎造船所。日本政府は優秀な性能を誇るドイツ軍の潜水艦「Uボートの設計図」が必要だった。「特別な任務」とはUボートの設計図の入手とされているが、真相は不明のままである。

本書は川崎造船所の歴史を軸に薩州財閥の中心人物・川崎正蔵と松方幸次郎を追う。

二人は明治後期から昭和初期にかけて激動の時代を歩んだ政商でもあった。

二人の人物像を知る手がかりになれば幸いである。

目次

家系図

通説では松方正義には22人の子供がいた。内訳は男子15人、女子7人。このうち正妻満佐子との間には4男1女、残り17人は妾との間に生まれた子供たちである。明治天皇から子供の数を尋ねられた時、「後日調べてご報告申し上げます」と答えた、といわれている。本書で登場する松方幸次郎は3男であるが、名前は幸次郎である。一般論として次郎という名前は2男に付けられる。また、十一郎が12男となっているように不自然さが残る。なお昭和10年に発行された『公爵松方正義伝』では松方十一郎・松方虎吉・松方三郎・幾姫の名前はなく末子に義三郎の名前が表示されている。

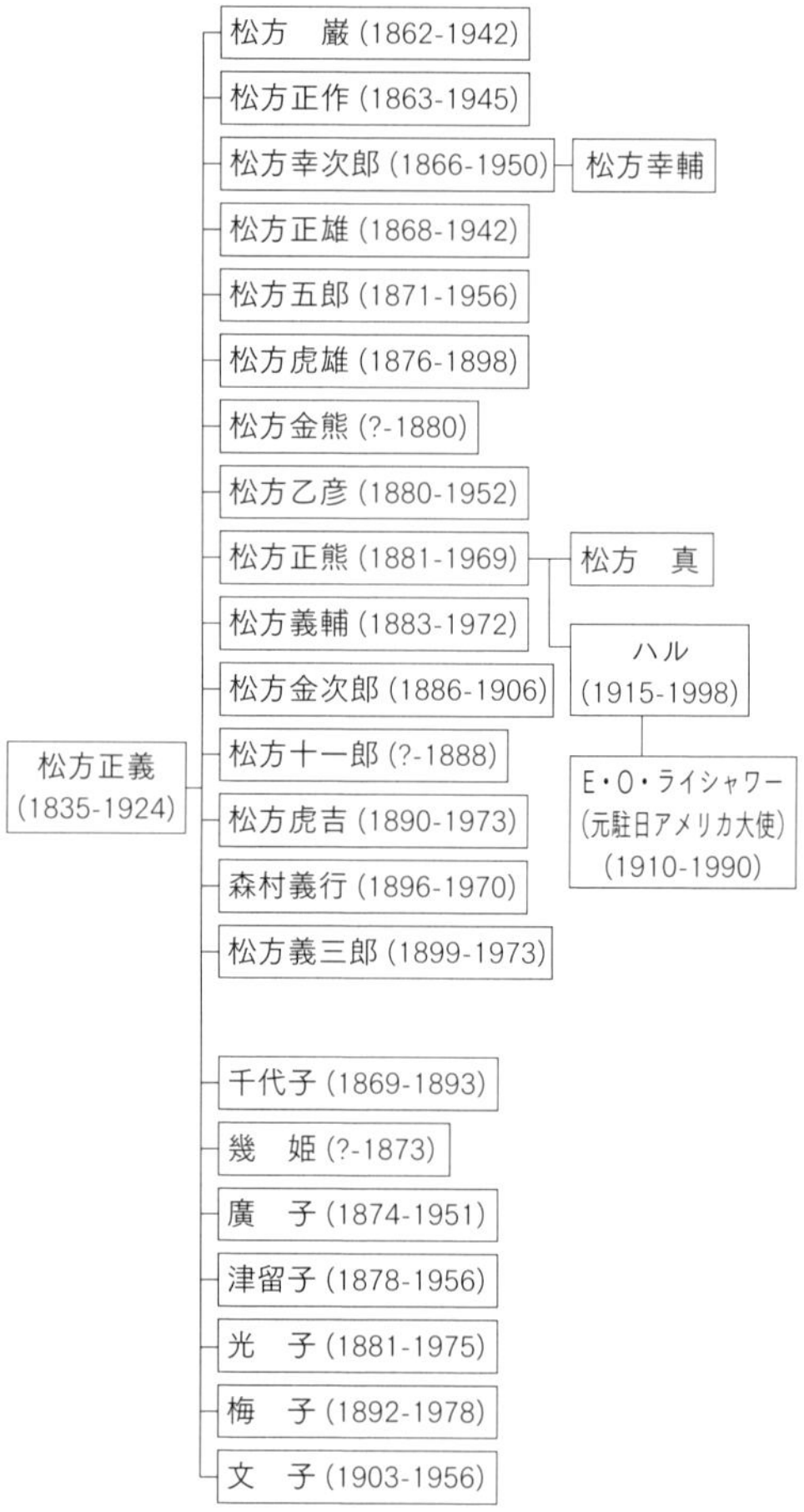

序章　消えた川崎正蔵ゆかりの地

川崎正蔵の邸宅

鹿児島出身で川崎造船所を創業した川崎正蔵は、神戸布引《ぬのびき》にあった本邸のほかに少なくとも4カ所に別邸を持ち、トップクラスの財閥にまで上りつめた。本章では住まいから川崎正蔵の実像に触れる。

神戸の本邸

川崎正蔵は静岡の興津、東京の麻布、京都の嵯峨野、神戸の須磨に別邸を持ち生活していたが、本邸は神戸の布引《ぬのびき》だった。

神戸の布引は現在の山陽新幹線新神戸駅周辺で、布引の滝などもあり市民の散策の場となっている。川崎正蔵が眠る徳光院もここにある。この一帯の敷地は川崎が所有していた。

1940（昭和15）年に発行された『兵庫史談・布引号』には川崎邸の本邸の様子が詳しく書かれている。同書から要約して紹介する。

「川崎邸はただその庭園が広大であっただけでなく、大正天皇が皇

神戸市本邸

太子時代に行啓された。外国の賓客の来訪も絶えず、神戸港に入港する艦隊の園遊会などにも使われた。敷地は3万9200坪、東南には紀伊半島や淡路島なども望むことができた。

本邸は264坪、美術館は木造瓦葺の2階建てで59坪、長春閣は128坪でほかに倉庫、茶室（不老庵）などがあった。

正門を入って北側には600坪余りの牡丹園があり、そこに1000本の牡丹が植栽されていた。敷地内には、豊臣秀吉が住んでいた聚楽第（京都市上京区）にあったという伝説の古木や、1867（慶応3）年のパリ万国博覧会に出品した美術品[※1]もあった。1897（明治30）年頃から1930（昭和5）年まで毎年4月末から5月上旬までの約10日間にわたって内外の著名人を集めて庭園を観覧させていた。

寒山拾得

美術館は通常は閉館しており、数年ごとに開館した。最後に開館したのは、1924（大正13）年11月22～23日で川崎正蔵の13回忌[※2]に併せて開館した。絵画類、陶器、銅器、宝石類などが収蔵されており、秀逸な作品は『寒山拾得《かんざんじっとく》』の書画だった。この書画は足利義昭の秘蔵品であったが、その後、織田信長が所有し、信長から本願寺の顕如《けんにょ》上人に贈られた。その後、1885（明治18）

年頃川崎正蔵が取得したものだった。この書画は現在東京国立博物館が所蔵している。

大正天皇（1879－1926）は皇太子時代の1899（明治32）年11月、川崎邸に行啓され、布引の滝をご覧なった後、川崎邸に入られ美術品などを鑑賞された」

※1―松方正義はパリ万国博覧会の副総裁で同博覧会には多くの薩摩焼などが出品された。後述する京・翠嵐（旧延命閣）には現在、薩摩焼の香炉が展示してある。

※2―この時川崎正蔵の養嗣子・川崎芳太郎（1869－1920）もすでに死去していた。この2年後に川崎造船所と十五銀行が経営破たん。松方一族は私財を投げ出す事態になった。

静岡興津の別邸

総理大臣を2度務めた元勲、西園寺公望（1849－1940）の別邸「座漁荘《ざこ》」が静岡市清水区興津にある。

江戸時代、興津は東海道の宿場町で、明治期に入ると政治家などが避寒地として別邸を建てた。

興津には薩摩や長州の出身者の別邸が多くあった。

長州の井上馨や伊藤博文、薩摩の大久保利通が避寒地として

興津別邸（入口）

別邸を所有していた。ここは温暖な地で、隠棲にも好都合だった。

　川崎正蔵もここに別邸を建てた。別邸は川崎が１８９０（明治23）年貴族院議員に当選し上京した際、興津にあった旅宿を取得し改築した。冬季は数十日間ここに滞在していた。川崎の別邸には昭憲皇太后（明治天皇の皇后）が皇后陛下の時と、皇太后の時に、２度もお立ち寄りになられた。別邸は眼前が海に面し、東西に長く、南北に短い造りで「造船家の別邸だけに家までも船のようである」といわれた。

（『川崎芳太郎』一九五頁参照）

　玄関前には高さ約６メートルの覇王樹《はおうじゅ》（サボテンの別称）の大木があり、訪れる人も驚愕していた。

　当時の邸宅の写真が３枚だけ残されている。１９３２（昭和７）年に発行された『住宅建築の実際』に掲載されたもので、邸宅を設計した山田醇が撮影した。写真を見ると一部２階建てで、庭には灯篭などが置かれていたことが分かる。

　この別邸は川崎正蔵の養嗣子・川崎芳太郎（１８６９－１９２０）が死去後、１９２３（大正12）年から松方正義が静養に使っていた。

興津別邸（左端の灯篭が見える）

興津別邸

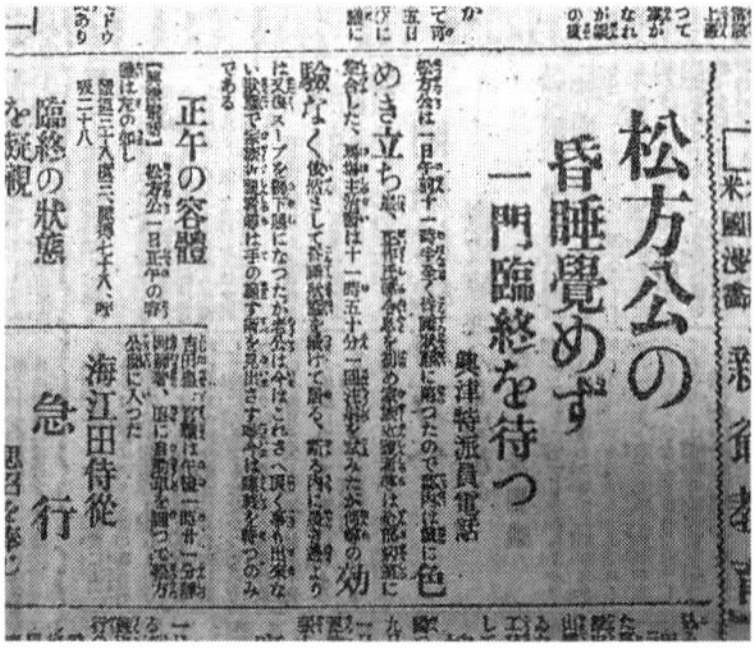

松方公の昏睡覚めず

一門臨終を待つ

興津特派員電話

正午の容體

臨終の状態を疑視

急行

海江田侍從

松方正義薨去記事（朝日新聞）

川崎別邸跡（現在）

この別邸を舞台にした新聞各社の大誤報がある。1924（大正13）年3月2日の記事で、東京日日新聞を除く各社は「松方正義薨去《こうきょ》」を一斉に報道した。このうち国民新聞は徳富蘇峰（1863－1957）が「松方公を悼む」と題した社説も掲載した。各社が誤報した原因は、当時90歳だった松方の年齢や、涙を流しながら興津の邸宅に出入りする関係者の様子を見て「薨去《こうきょ》」と判断したものだった。しかし、松方は生きていた。事実を確認しない世紀の大誤報だった。

新聞各社はその後「松方公が奇跡的に蘇生」という記事を掲載し、誤報を取りつくろった。

その4か月後、松方は1924（大正13）年7月2日、東京の三田で息を引き取った。そして同年7月12日、日比谷公園で国葬が執り行われた。

興津の川崎別邸は、1972（昭和47）年4月20日まで日本軽金属株式会社が取得していたが、今は当時の面影はない。２０１９年の春、私はこの地を訪れたが、現在、大型商業施設が立地している。

敷地内にある楠木は当時のものと推察される。

東京麻布の別邸

川崎正蔵は東京にも別邸を持っていた。前掲の『川崎芳太郎』に別邸の写真が掲載されている。川崎芳太郎は川崎正蔵の養嗣子だった。

国会図書館が所蔵している大正期の住宅地図を見ると、東京市麻布区鳥居坂町（当時の住

川崎邸地図

東京別邸（家屋）

東京別邸（玄関）

居表示）に川崎邸と書かれた邸宅がある。東京の川崎邸の場所はここであった可能性が高い。近くに信頼を寄せていた松方正義邸もあった。

京都嵐山の別邸

京都市右京区嵯峨野に最高級ホテル「京・翠嵐《すいらん》」がある。渡月橋で有名な嵐山にあり、保津川の静かな流れを望むことができる。

このホテルは現在、歴史的建造物として外国人にも人気がある。

ここも川崎正蔵の別邸で、明治期は「延命閣《えんめいかく》」と呼ばれていた。松方正義も「延命閣」をしばしば訪れていた。門塀などは昔の面影を残しているほか、室内の釘隠しには七宝焼で造られた川崎家の家紋が入っている。川崎正蔵の晩年の趣味は七宝焼だった。「京・翠嵐」には松方正義が揮毫した扁額が飾られている。二人の密接な関係が伺える。

松方正義の書

現在の京・翠嵐（現在）

嵐山別邸（大正期）

神戸須磨の別邸

川崎の別邸は神戸の須磨にもあった。

川崎本邸は跡形もなく消えているが、同じ神戸の須磨にあった別邸には昔の面影を想像させる石灯籠などが残されている。別邸の跡地は現在聖ヨハネ修道院になっている。私はこの地を2019年の夏に訪れたが、修道院の庭園には昔の石灯籠が散在している。

大日本帝国陸地測量部が1923（大正12）年に作成した神戸の地図に川崎邸が表示され

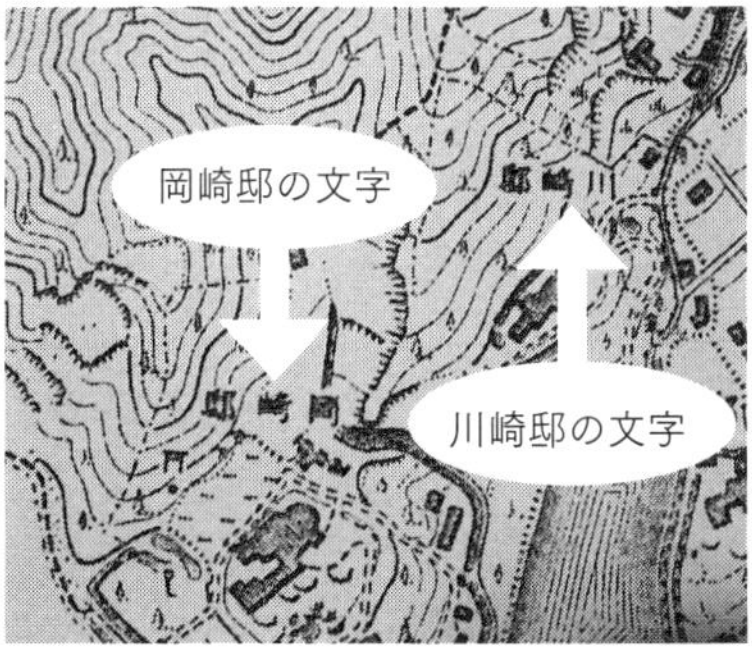

神戸の地図（大日本帝国陸地測量部）

神戸市須磨別邸の石灯籠

ている。川崎はこの敷地約900坪を1898（明治31）年に取得し、高床式の別邸を建設した。1万分の一の地図に名前が掲載されるほどの大きな屋敷だったことが分かる。地図には川崎邸と隣接して岡崎邸の文字が見える。

岡崎邸は山崎豊子の名作『華麗なる一族』のモデルとされた岡崎財閥の邸宅である。川崎家は岡崎財閥とも交流があった、と推察される。

鹿児島市草牟田墓地

西南戦争の最後の舞台になった鹿児島市の城山。ここに隣接した草牟田墓地。ここにはかつて「隆盛院」という寺や陸軍の弾薬庫があった。

川崎正蔵の墓地は神戸にあるが、川崎が建立した先祖の墓地がここにある。先祖の墓地は川崎正蔵が1895（明治28）年7月に建立した。墓石の裏面には川崎正蔵の刻印がはっきり読み取れる。先祖の墓地を建立した翌年、川崎は川崎造船所の社長を松方幸次郎へ譲った。

同時期、長崎で三菱造船所を創業した岩崎弥太郎。明治期の政商でライバルの二人はそれぞれの会社を巨大企業に発展させた。「川崎重工業」対「三菱重工業」の構図は現在も続いている。

川崎正蔵の文字

川崎家の墓地

写真が伝える川崎造船所の歴史

明治期から昭和初期にかけての川崎造船所の姿を写した写真が残されている。最も古い写真は１８９１（明治24）年に撮影された川崎造船所の全景で極めて貴重である。この写真は『川崎造船所40年史』に掲載されたもので、本書で一部を再掲し、川崎造船所の歴史を振り返る。

明治中期

１８８８（明治21）年4月30日、薩摩閥の黒田清隆内閣に続き、１８９１（明治24）年5月6日、同じ薩摩閥の第1次松方正義内閣が誕生した。同年9月1日、東北線（上野～青森間）が開通。神戸で創業した川崎造船所は、この時期、川崎正蔵の個人経営時代で3年後の１８９４（明治27）年に始まる日清戦争で特需を迎える。

明治後期

１９０４（明治37）年2月、日露戦争が始まった。１９０５（明治38）年4月、阪神電鉄の大阪～神戸間が開通した。同年2月7日薩摩閥の東郷平八郎海軍大将、１９０６（明治39）年3月16日、山本権兵衛海軍大将、同年11月18日大山巌元帥が相次いで川崎造船所を訪問し会社の経営状況を視察した。

１９０６（明治39）年10月、資本金を１０００万円に増資。１９０７（明治40）年12月時点の従業員数は職員２５４人、工員８９５４人の合計９２０８人で、日本を代表する巨大企業に成長した。

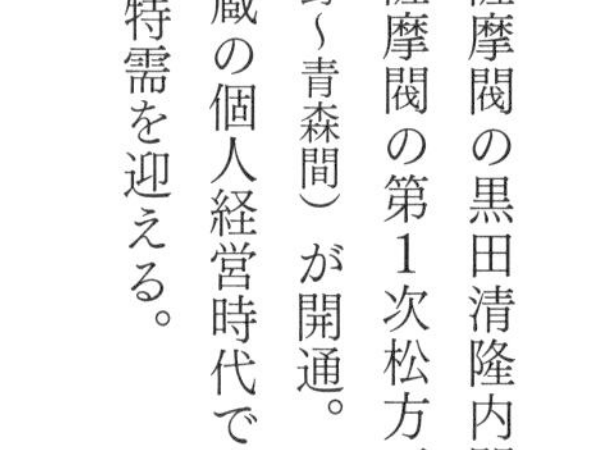

川崎造船所（明治24年）

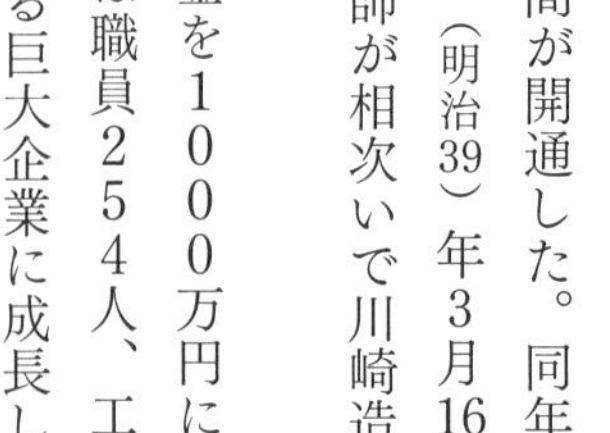

川崎造船所本社（明治41年頃）

広大な会社の敷地内に機械組立、銑鉄、鉄船鍛冶などの各工場が完成。株式会社に組織変更し、初代社長の松方幸次郎は毎年のように欧米などへ出かけた。1909（明治42）年、初代総理大臣の伊藤博文（長州閥）がハルビンで暗殺された。

大正前期

1914（大正3）年7月、欧州で第一次世界大戦が始まり、日本は同年11月に中国の青《チン》島《タオ》を占領した。この時期、フランスやイギリスから多くの軍艦の製造を受注した。

日高丸
（明治34年5月進水・日本郵船）

帝国砲艦　淀（明治40年11月進水）

戦艦　榛名（大正2年11月進水）

1917（大正6）年12月、従業員数は職員1120人、工員2万351人の合計2万1471人になる。会社は飛躍的に発展し従業員数は増えた。

大正後期

1919（大正8）年3月、資本金を4500万円に増資した。同年9月18日、第一次労働争議が起こり、従業員1万6000人がストライキに参加。1923（大正12）年9月1日、関東大震災が起きる。

昭和前期

1927（昭和2）年、金融恐慌により経営危機に陥る。政府が再建案を示したが自力再生する。

1932（昭和7）年、満州国が誕生し日本は軍備拡張路線の政策を進めた。

1936（昭和11）年、二・二六事件が起きた。この時期は短命内閣が続き、政局の不安定が続いた。こうした中、経営危機を乗り越えた川崎造船所は経営改革を積極的に進め、分社化を図り「川崎重工業」や「川崎車輌」などを創設した。

この結果、造船事業だけでなく陸上の橋梁工事やビル建設などの事業に進出し、順調に発展した。創業地神戸では川崎病院や川崎商船学校（旧神戸商船大学の前身）を創設し、地域の発展に寄与した。

昭和前期の造船所の風景。

進水祝賀式（年月不明）

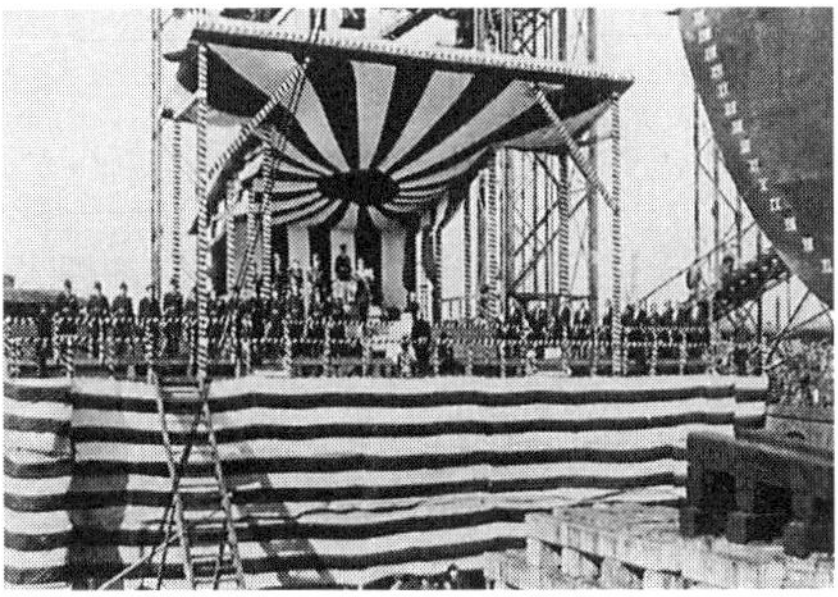

帝国巡洋艦　摩耶丸（昭和5年11月進水）

東亜丸（昭和9年4月進水）

川崎重工業や川崎車輌が製造した機関車・自動車。

南満州鉄道会社へ納品（昭和11年）

南満州鉄道会社へ納品（昭和9年）

乗用車六甲号（製作年不明）

橋梁の建設や病院事業にも進出し地域貢献。

東洋最大の田端大橋竣工（昭和10年）

献納兵器の命名式（昭和10年1月）

川崎病院開院（昭和11年1月）

第一章　薩州財閥の崩壊の軌跡

川崎正蔵の逝去をめぐって

顔写真付きの死亡記事

1912（大正元）年12月4日、大阪毎日新聞は「川崎正蔵逝去」を伝える記事を報道した。要約して紹介すると、「川崎正蔵翁は糖尿病を患い、腎臓病を併発し京都の別荘で療養中であったが、病勢が次第に進み、12月2日朝、神戸市布引の本邸で逝去した。享年76歳だった」。

死亡記事は顔写真付きで報道されている。記事は917文字の長文で川崎の生涯を振り返っている。川崎の生涯を現代文に直して再掲する。

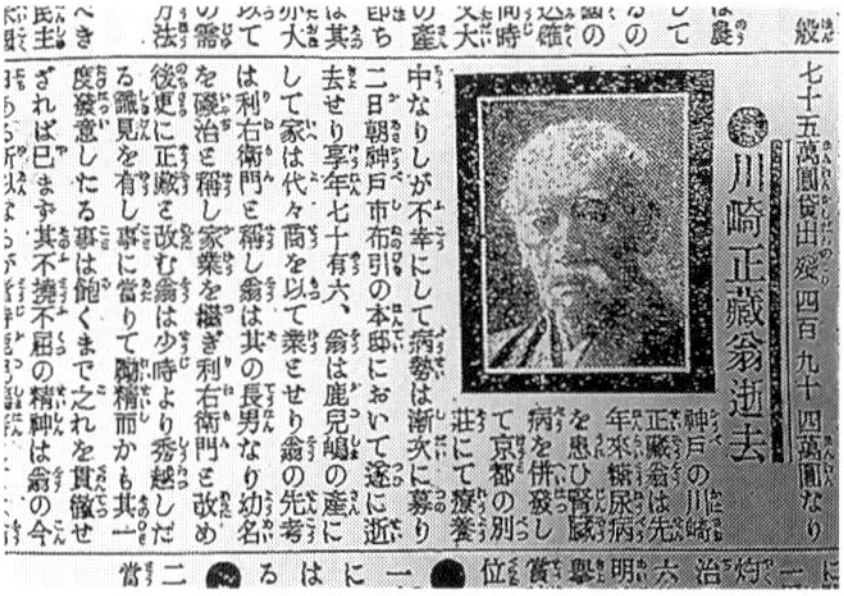

川崎正蔵翁逝去

神戸の川崎正蔵翁は先年来糖尿病を患ひ腎臓病を併発して京都の別荘にて療養中なりしが不幸にして病勢は漸次に募り二日朝神戸市布引の本邸において遂に逝去せり享年七十有六、翁は鹿児嶋の産にして家は代々商を以て業とせり翁の先考は利右衛門と称し翁は其の長男なり幼名を磯治と称し家業を継ぎ利右衛門と改め後更に正蔵と改む翁は少時より秀越したる識見を有し事に当りて励精而かも其一度發意したる事は飽くまで之れを貫徹せざれば已まず其不撓不屈の精神は翁の今

大阪毎日新聞（大正元年12月4日）

「川崎正蔵は鹿児島出身で家業は代々商売をしていた。亡父は利右衛門と称し、川崎はその長男だった。島津藩は川崎の賢い手腕を認め、戊辰の頃（1868年）、大阪の蔵屋敷の用達を命じた。戊辰戦争では一時幕府軍に捕まりかけたが、泉州の堺

（大阪府堺市）に逃れているうちに、明治維新となった。

川崎は西洋型帆船数隻を購入し、鹿児島〜大阪間の航路を開いた。その後、明治政府より琉球産物取調べを命じられ、大阪〜鹿児島〜沖縄の定期航路を開拓した。

その後、帝国郵便汽船会社の副頭取に就任したが、この会社は１８７８（明治11）年に解散し、三菱（岩崎弥太郎）が業務を引き継いだ。川崎は兵庫で新しく西洋型の造船所を創設したが、これは日本の私設造船所の始まりである。

１８８６（明治19）年、川崎は官営の兵庫造船所の払い下げを受け、経営は順調に発展した。川崎造船所は、現在１０００万円の資本金と６００万円の積立金を所有し、三菱造船所とともに我が国の二大造船所となっている。現在、２万７０００トンの大戦艦を建造中である。

川崎は造船所のほかに淡路島に数万町歩の山林（樟脳樹林）を所有し、多くの会社を興した。明治の立志伝中の一人で異才を放っていた。１８９０（明治23）年、政府に海防費として１万２０００円を寄付、１８９０（明治23）年に貴族院議員となり、各種の公共事業に尽力した。

逝去とともに、勲三等、従五位に叙せられた」

葬儀の様子

大阪朝日新聞は続報として１９１２（大正元）年12月9日、川崎正蔵の葬儀の様子を報道した。

「川崎正蔵の葬儀は12月8日午後1時、神戸布引《ぬのびき》の本邸を出棺した。喪主の芳太郎氏は鈍色《にびいろ》（濃ゆい灰色）の直垂《ひたたれ》に藁沓《わらぐつ》を履き、後ろに川崎正蔵夫人、芳太郎夫人が続き24人の親戚の男女が春日墓地（神戸市中央区の墓地）へ向かった。導師は京都の天龍寺の住職、相国寺、知恩院の住職など24の寺の僧侶１５０余名が参列した。

会葬者は島津忠重（１８８６－１９６８）公（代理）をはじめ京阪神の知名士や大臣、大将などで、贈られた弔花類は５００余に達した。神戸が始まって以来の盛大な葬儀となり、人で溢れた。沿道の花輪の数は３００を超えた。見物人や菓子（葬儀で出された菓子）を貰う人が布引の本邸から春日野墓地まで続き、墓所の入り口は身動きできないほどの人で溢れた」

当時の新聞を読むと、川崎正蔵の功績が偉大で、盛大な葬儀が行われたことが分かる。

しかし鹿児島では、川崎正蔵は無名に近い人物である。鹿児島は島津家や西郷隆盛など明治維新の研究は盛んだが、明治期から大正期の歴史研究は極めて少ない。歴史家の研究と顕彰が待たれる。

薩州財閥の誕生とグループ企業群

薩州財閥の源流

「薩州財閥」や「薩派」という言葉は、今は死語になっている。しかし明治後期から昭和初期にかけて、政界や経済界ではこの言葉がしきりに使われていた。当時の新聞や雑誌などにもこの文字がしばしば登場する。

「薩州財閥」とは総理大臣を二度務めた松方正義とその子どもたちが経営した企業群と、神戸で川崎造船所を創業した川崎正蔵系の企業群を意味する。換言すると松方系企業群と川崎系企業群の連合企業群が「薩州財閥」だった。この連合企業群に十五銀行が密接に絡んでいた。十五銀行は華族銀行とも呼ばれ、有力株主は島津家だった。

この時期、薩摩の政商、川崎正蔵と土佐の政商で三菱財閥を創設した岩崎弥太郎はライバル関係にあり、たびたび衝突した。岩崎は長崎を拠点に海運業や造船業を展開。川崎の背後には松方正義がいたが、岩崎の背後には大隈重信がおり、大隈は薩摩嫌いだった。

明治期、神戸を拠点にした川崎正蔵。長崎を拠点にした岩崎弥太郎。二人は熾烈な企業間の競争を展開した。

1892（明治25）年、松方正義は総理大臣を辞任。総理秘書官だった三男の、松方幸次郎は、その4年後に個人経営の川崎造船所を株式会社にして、初代社長に就任した。川崎正蔵が創業した川崎造船所を後継した。これを契機に松方家と川崎家が結びついた。「薩州財閥」の源流はここから始まった、といえる。

松方幸次郎は1928（昭和3）年までの32年間、社長に君臨した。極めて異例の長期政権だった。幸次郎は社長就任後、川崎造船所を中核企業として国際汽船、川崎汽船などを創設し、造船業だけでなく海運業にも進出したほか、火災保険代理業（常盤商会）、瓦斯器具製造販売会社（東京瓦斯電気工業）、製糖工場（帝国製糖・北海道製糖）、不動産管理会社（松商会）などさまざまな会社を立ち上げた。これらが松方系企業群である。これらの資金は十五銀行が無担保で融資した。

このうち国際汽船の銀行借入額は3103万円（昭和2年上期末）に達し、返済不能の状態が続いた。加えて「薩州財閥」の中核企業の川崎造船所も銀行借入額が3249万円（昭和3年末）となり、社債や支払手形を含めた負債総額は1億4239万円（後年の日銀調査では1億5700万円）に達していた。川崎正蔵の親族と松方正義の親族は、これらの企業群に人的にも資本的にも複雑に絡み合っていた。このことが、その後発生するさまざまな問題の解決を遅らせた。

薩派と呼ばれた人物たち

「薩派」とは明治後期から昭和初期にかけての鹿児島出身の軍人、官僚、貴族院議員などを意味する言葉である。代表的な人物は陸軍では大山巖（元帥・内大臣）、高島鞆之助《とものすけ》（中将・枢密顧問官）、上原勇作（元帥・陸相・参謀総長）、海軍では樺山資紀（大将・枢密顧問官）、東郷平八郎（元帥・東宮御学問所総裁）、山本権兵衛（大将・首相）、高木兼寛（軍医総監）、山本英輔（大将）、文官では牧野伸顕（外務省出身・外相・内大臣）、伊集院彦吉（外務省出身・外相）、床次竹二郎（内務省出身・内相・政友会代議士）、山之内一次（内務省出身・鉄道相）、松方正義（内大臣・首相）、安楽兼道（警察省出身・警視総監）、前田正名（農商務省出身・貴族院議員）、衆議院議員では長谷場純孝（政友会）、中村嘉寿（政友会）、貴族院では西郷従徳（陸軍大佐）、三島弥太郎（日本銀行総裁）である。

床次竹二郎

１９１８（大正７）年、原敬内閣が誕生した時、鹿児島の政治権力構造は床次竹二郎（１８６７－１９３５）の支配下にあった。

松方正義、牧野伸顕が内大臣として宮中とのパイプがあり、山本権兵衛は海軍とパイプがあった。床次は松方幸次郎より一歳年下だが、鹿児島から上京し共立学校（現在の開成高校）に学んだ。衆議院連続当選8回、入閣4回。鹿児島では「床次王国」といわれるぐらい圧倒的な人気を誇っていた。

床次は次期総理大臣候補だった。薩派の軍人や文官は明治後期から大正前期までは結束していたが、大正中期から昭和初期にかけて結束が壊れていった。原因は政策論の不一致に加え、床次が政友会から政友本党、民政党などに脱党を重ねたことによるとの指摘もある。

1935（昭和10）年、9月8日、床次が突然死去した。後継者として松方幸次郎が三州倶楽部から推挙され出馬し、当選した。三州倶楽部は1918（大正7）年に創設された薩摩・大隅・日向の出身者の親睦団体で、初代会長は樺山資紀（1837－1922）海軍大将だった。

後述する松方コレクションの収集には、樺山資紀の孫娘・白洲正子（1910－98）と夫の白洲次郎（1902－85）が尽力した。白洲次郎は吉田茂の通訳だった。

「薩摩の芋づる（人脈を頼る組織構図）」といわれていた支配構図はこの頃からひびが入り始めた。そしてこの時期（昭和初期）に川崎造船所と十五銀行が経営破たんした。

松方幸次郎は晩年は鎌倉で過ごした。1950（昭和25）年6月24日、家族に見守れながら84歳の生涯を終えた。

昭和初期に十五銀行が経営に行き詰まった時、同行には川崎造船所に対する回収不能な無担保融資が多く存在していた。一方、松方幸次郎は美術品収集家としても知られ、西洋に散在していた日本の浮世絵などを「私財を投じて収集した」といわれている。川崎造船所には８０００点を超える浮世絵や絵画類が保管されていた。１９２８（昭和３）年、松方は退任前の株主総会で、これらの絵画類が「私的な所有物か会社の所有物か」と問われ、返答に窮した。

松方が絵画購入に投じた資金は、川崎造船所が十五銀行から無担保融資で借りたものだった可能性が強い。一方、海軍省の機密費が使われたという説もある。

十五銀行の休業宣言とともに、川崎造船所をはじめとする企業群も経営が行き詰まった。この結果、川崎造船所の従業員は少なくとも６０００人以上が解雇や休職命令を受けた。ずさんな経営により従業員６０００人以上の給与が支払われず、家族らは路頭に迷った。

しかもこの数年前（大正10年7月）には戦前最大の労働争議が川崎造船所を舞台に展開されたばかりだった。

川崎造船所を中核とする「薩州財閥」の驚愕の経営実態は、この時まだ表面化していなかった。

十五銀行の経営破たん

深夜の記者発表

昭和初期の金融恐慌が「薩州財閥」を崩壊に導いたが、直接の原因は十五銀行の経営破たんだった。この時期、国内各地の銀行で取り付け騒ぎが発生し、銀行が相次いで休業宣言した。休業宣言により市民は銀行への出入りが不能になり、預金の支払いが停止された。

1927（昭和2）年4月21日、東京朝日新聞は十五銀行の経営破たんを報道。十五銀行は事実上倒産した。

記事は「十五銀行休業す　応急の策立たず、日銀遂に見放す　所要の資金六千万円」という見出しで、十五銀行の西野頭取が同日午前2時半から記者発表した内容を報道している。

記者発表は深夜に行われ、記事からも緊迫感が伝わる。

西野頭取は「十五銀行は極度の資金難に陥り各方面に資金の工面をあたっていたが、20日になり200万円の決済に行き詰まり、20日午後4時にようやく決済できた次第である。翌21日開店するには約6000万円の資金を必要とするが、千数百万円の準備しかできず3週間休業する」と発表した。

この記事から分かるように十五銀行の一日の必要資金は約6000万円だったが、この額は資本金4000万円を超えている。

詳細な資産状況は不明だが、すでに数年前から債務超過だったことが推察される。そして200万円の決済もできないほど資金繰りが困窮していた。

このような危険な財務状況に直面しながら経営陣はどんな対策を講じていたのだろうか。監査役はどんな助言をしていたのだろうか。結果的にすべてが「無為無策」だったといえる。

松方正義の長男・松方巌（1862－1942）は1915（大正4）年1月16日、十五銀行の頭取に就任し、8年間、頭取職に就いた。そして1922（大正11）年11月22日辞任した。後任として副頭取の成瀬正恭（1868－1938）が頭取に就任したが、この時期にはすでに経営が悪化していたのだろう。つまり回収不能な資金が多く流出していた、と推察する。成瀬は国際汽船など

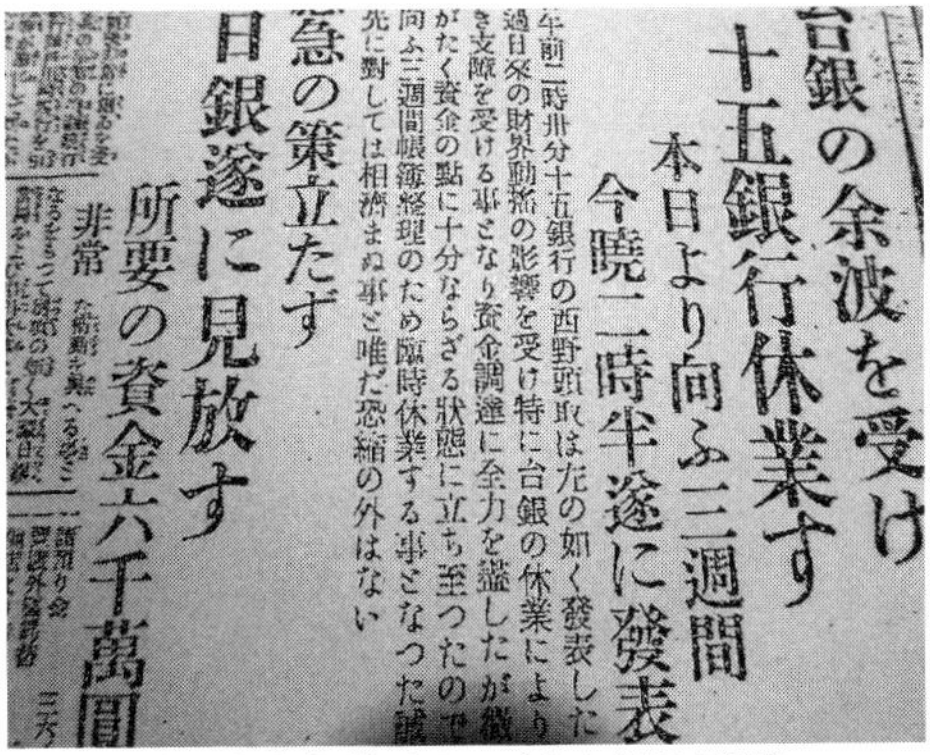
台銀の余波を受け
十五銀行休業す
本日より向ふ三週間
今暁二時半遂に發表

午前二時卅分十五銀行の西野頭取は左の如く發表した
過日來の財界動揺の影響を受け特に台銀の休業により
き支障を受ける事となり資金調達に全力を盡したが
がたく資金の點に十分ならざる状態に立ち至つたので
向ふ三週間帳簿整理のため臨時休業する事となつた
先に對しては相濟まぬ事と唯だ恐縮の外はない

急の策立たず
日銀遂に見放す
所要の資金六千萬圓

十五銀行経営破たん（東京朝日新聞）

川崎系企業の取締役を兼任し松方一族の子飼いで、弟の成瀬正行は川崎造船所の取締役でもあった。

松方巌は頭取辞任後も、子飼いの成瀬正恭頭取を通じて十五銀行をコントロールしていた。

松方巌の辞任理由は「父松方正義が老境にあるので親孝行したい」というものだったが、真相は十五銀行の倒産寸前の財務実態を知り、退いた可能性がある。財政通として功績をあげた松方正義はこの頃はまだ健在で、2年後の1924(大正13)年7月2日、亡くなった。

政府は十五銀行の事実上の倒産を受けて4月22、23日の2日間、全国の銀行を一斉休業させた。極めて異例の措置である。銀行を通じての経済活動がすべて停止した。

十五銀行の休業期間は3週間の予定だったが、延長を繰り返し、結局は約1年半休業した。その原因は、十五銀行の経営の在り方や公的資金の注入、役員人事などをめぐって大混乱し、政府もこれに巻き込まれた。一民間企業の経営問題で国政が混乱した。大正から昭和初期にかけて国政は、加藤高明内閣(大正13-15)、若槻礼次郎内閣(大正15-昭和2)、田中義一内閣(昭和2-4)など短命内閣が続き政局が不安定だったことも背景にある。

誤った初動対応

１８９４（明治27）年、明治天皇の銀婚式を記念し、華族に対して生活資金として１９００万円が下賜された。ほとんどの華族はこの御下賜金を十五銀行へ預金し、利息で生活していた。このため十五銀行の倒産は華族にとって生活資金の供給が途絶える事態になった。

政府は十五銀行の経営破たんを聞き、すぐに動いた。

最も早く動いたのは宮内省で、宮内省は休業が発表された当日（昭和2年4月21日）午後、十五銀行に預けていた資金を急いで引き揚げた。引き揚げた資金は２００万円にも満たない額だったと推察される。前述の記者発表の内容からも分かるように、十五銀行は２００万円の決済ができず休業宣言した。

十五銀行は事実上倒産したものの、華族だけに対しては特別扱いの処置をとった事になる。

当時宮内省を担当する内大臣は松方正義だったが、この処置が後日反発を招くことになる。十五銀行の経営破たんにより、宮内省の財政が逼迫することを避けるのが、資金を引き揚げた理由だった。

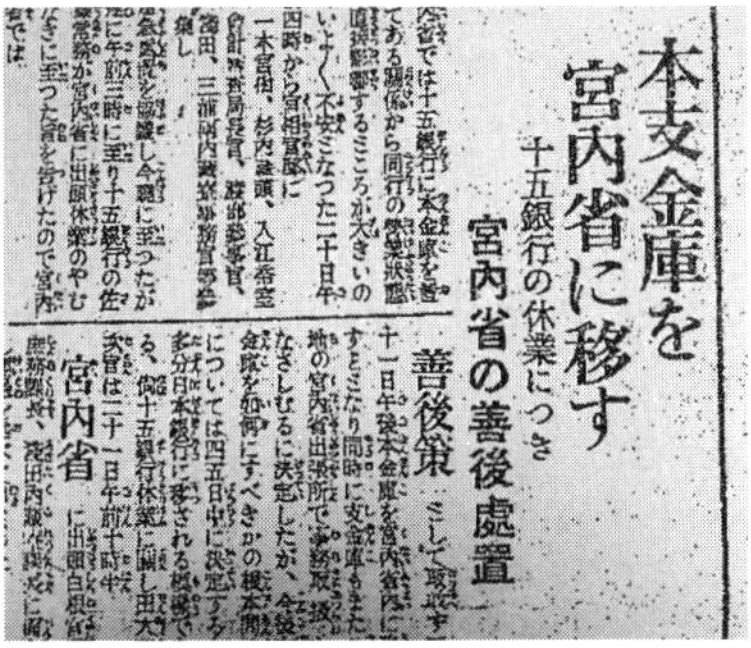
本支金庫を宮内省に移す
十五銀行の休業につき
宮内省の善後處置
善後策
宮内省

東京朝日新聞　（昭和2年5月5日）

十五銀行の経営破たんは東京市（現・東京都）へも損失を与えた。

東京市は普通会計（一般会計）から140万円と電気局（特別会計）の20万円の合計160万円の預金があったが、現金を引き出すことはできず、額面232万円の有価証券（株券）を引き出しただけだった。この株券はほとんど無価値で、ただの紙切れに過ぎなかった。宮内省が即座に現金をすべて引き揚げたため、十五銀行に現金があるはずがなかった。預金していた一般市民は株券さえも引き揚げることができない差別対応だった。

十五銀行の経営破たんを受けて、政府は公的資金を注入すべきかどうか検討を始めたが、議論は二分した。

公的資金注入の賛成派は、「十五銀行の浮沈は華族全体の問題であり、ぜひ資金注入を実現させたい。十五銀行は西南戦争で1500万円の資金を政府（官軍）に貸しており、国家への貢献度は高い」と主張した。これに対して資金注入の反対派は、「十五銀行の救済を特別扱いすべきではない」というものだった。

紆余曲折した議論を経て結局、政府は公的資金の注入を決めたが、松方正義の政治力は確実に低下していた。

「薩州財閥」はこの頃から崩壊へ一直線で進んで行った。

仕組まれた十五銀行の合併

１９１９（大正８）年12月20日、十五、波速、神戸川崎、丁酉《ていゆう》の４銀行は同時に臨時株主総会を開き合併議案を提案し承認された。これらの銀行は「薩州財閥」への資金供給を続けていた。

波速銀行の頭取は松方正義の四男・松方正雄（１８６８－１９４２）だった。十五銀行との合併は、経営破たん寸前の波速銀行の財務実態を糊塗《こと》する目的があった。波速銀行も川崎造船所へ多額の資金を融資し、回収不能な無担保融資が多く存在していた。

十五銀行の臨時株主総会では、松方巖頭取が合併議案を提案し「支店網と資金量の増大を図るため合併を実現させる。これで金融界や商工業界に貢献できる」と述べた。

合併は十五銀行が、①１０００万円増資し資本金５０００万円にする、②神戸川崎銀行と丁酉《ていゆう》銀行を事実上買収する、③波速銀行は資本金５０００万円に増資する、というもので、これらの議案が同時に開催された四行の臨時株主総会で可決された。臨時株主総会の可決を得て、十五銀行は１９２０（大正

波速銀行

9）年8月、波速銀行、神戸川崎銀行、丁酉《ていゆう》銀行を吸収合併した。合併後の十五銀行の資本金は1億円となり、預金量は3億3900万円（大正9年12月末）で、三井銀行、第一銀行、住友銀行に次ぐ大銀行になった。

十五銀行鹿児島支店
（鹿児島市金生町）

合併により支店網は関東や西日本に拡大した。支店の所在地は東京市内（現在の東京都）に8カ所のほか京都市、大阪市、神戸市、名古屋市、堺市、和歌山市、兵庫県西宮町（現・西宮市）、広島市、下関市、福岡市、熊本市、鹿児島市、鹿児島県隈之城村（現・薩摩川内市）となり、出張所の所在地も飛躍的に拡大した。

このうち鹿児島支店に所属した出張所は伊集院、加治木、大口、岩川、知覧、鹿屋、種子島、国分、垂水、指宿、西市来、加世田、湊、枕崎、大崎、志布志の16カ所。川内支店には串木野、宮之城、阿久根、出水の4カ所の出張所が所属した。五大銀行の一翼を担いながら、支店や出張所が鹿児島県内に集中する異例の支店網となった。

新しい十五銀行が発足した日、松方巌頭取は行員に対して、諸規則などの遵守を望むと述べたうえで「各地に支店を有することは我が十五銀行の前途を祝福するものである」と訓示した。

しかし外部からは、この合併が冷ややかな目で見られていた。

鹿児島県内のほぼ全域に支店や出張所が配置された十五銀行は、合併から8年後に経営破たんし事実上倒産した。鹿児島県内でも多くの預金者や取引先に混乱が生じた。

後年、日本銀行がまとめた十五銀行に関する報告書でも厳しい調査結果が記述されている。

報告書では「十五銀行は外形的には五大銀行と並んだものの経営内容は喜ぶべき材料が無い」と断罪した。

その理由として、波速銀行の頭取、松方正雄は十五銀行の松方巖頭取の弟で、波速銀行は松方系の事業（川崎造船所社長・松方幸次郎）に巨額の無担保融資を行なっている。神戸川崎銀行は川崎家が創業した銀行であるが、松方幸次郎（松方巖頭取と兄弟）が実権を握っており、今回の合併は「松方一族の政略結婚である」と酷評した。

加えて丁酉《ていゆう》銀行頭取の成瀬正恭は、1911（明治44）年7月、十五銀行の取締役にも就任していた。

後年、成瀬正恭の長男・正一（1892－1936）は川崎正蔵の孫・川崎福子と結婚。パリで幸次郎の絵画購入を手伝い、松方コレクションの収集に大きく関与していたが、この事実はあまり知られていない。

松方コレクションが収集された経緯と実態は後述するが、松方が収集した絵画類は十五銀行の整理に伴い、競売にかけられほとんどが散逸した。

十五銀行の松方巖頭取は合併から3年後の1922（大正11）年11月、業績が好転しないため引責辞任した。しかし取締役の地位には留まった。後任は子飼いの成瀬正恭が頭取に就任した。

この時期川崎造船所では労働争議が続いており、前年夏（大正10年7月から8月）には従業員1万5000人がストライキを実施した。その後、川崎造船所の労働争議は社会問題にまで発展。この労働争議で多数の死傷者が出た。

急浮上した川崎造船所の経営問題

松商会と美術品

「薩州財閥」の中核である川崎造船所、川崎汽船、国際汽船の3社は当時「薩州財閥、船舶方面」と呼称されていた。

このうち川崎造船所は長崎の三菱造船所と並ぶ巨大企業で、海軍省から軍艦や飛行機、鉄道省から各種の車両や鉄道付属品、陸軍省から軍需品などを受注していたほか、製鉄業なども経営する軍需企業だった。加えて株主配当はライバル企業の三菱造船所に対抗し、１割配当を実施していた。

川崎造船所の筆頭株主（大正10年以降の持株比率）は、松方幸次郎社長が代表社員の「松商会」だった。「松商会」は資本金５００万円で１９２０（大正９）年に設立。１９２７（昭和２）年５月現在、総額１億３２４０万円の借入金があった。借入金は約６割が無担保で、残り４割の担保は川崎造船所の株券や美術品だった。日本銀行の調査報告書によると「松商会」の定款（事業目的）は「動産、不動産並びに有価証券の取得」としている。

ところが「松商会」が、十五銀行から借り入れの際に提出した担保物件には美術品が含まれていた。この美術品は松方幸次郎個人の所有物なのか、または「松商会」の所有物なのか不明で、松方幸次郎は欧州で取得した美術品を担保に融資を引き出していたと推察される。

しかし真相は不明のままだった。

後年川崎造船所の株主総会で、松方幸次郎社長は収集した美術品の所有先をめぐって厳しく追及されたが、松商会の融資にも美術品を担保にしていたことが分かる。

資金調達

川崎造船所は十五銀行の休業を契機に運転資金の調達が困難になった。

材料の購入ができなくなり軍艦などの建造に支障が出始めた。このため松方幸次郎社長は東京へ出向き、海軍省など政府に資金供給を陳情したが断られた。川崎造船所の経営危機は数年前から危惧されていたが、松方社長が欧州から帰国したのは、十五銀行の経営破たんした前日だった。このような経営姿勢は政府に好印象を与えるはずがなかった。

資金調達に困った松方社長は、政府に対して受注済みの新造船の代金前払いを求め、急場をしのごうとしたが、政府からは代金前払いを却下された。政府も、万が一川崎造船所が経営破たんした場合、軍艦の製造ができなくなり国防上からも問題になるため対応に苦慮したが、結果的には松方社長を突き放した。

一方、十五銀行の再建と開業は、川崎造船所の救済策が確定しないと実行できないという事態になり、問題はさらに複雑化した。そもそも十五銀行と川崎造船所は「薩州財閥」で結ばれた企業群で、両社は財務上、泥沼に入り込み「危険な関係」だった。

重役が私財を提供

1927（昭和2）年5月25日、大阪毎日新聞は「十五銀行重役　私財を提供す」という見出しで川崎造船所問題を大きく報道した。

報道内容は「十五銀行の再建は川崎造船所の救済案作成とセットであるが、川崎造船所の救済案が固まる前に、十五銀行の重役陣が土地や邸宅などの私財を提供する」というもので、常務取締役の愛甲兼達は報道陣の取材に対して「まず重役陣が私財を提供して誠意を披歴する必要がある」と述べている。

報道によると、私財の提供は、松方巌（十五銀行取締役頭取）が那須邸の土地（栃木県那須塩原市・坪数不明）、東京の三田網町の本邸（約1万坪）、松方正雄（十五銀行取締役）が鎌倉の別邸（3000坪）、愛甲兼達（十五銀行常務）が神戸の六甲別邸（3000坪）、成瀬正恭（十五銀行取締役・頭取）が東京の白金三光町の邸宅（5000坪）で評価額は総額で1500万円にのぼる、としている。

しかし、これらの財産評価額はその後の査定で762万円にとどまり、新聞報道の1500万円の半額の評価しかなかった。（「三井銀行80年史」593頁参照）

新聞報道の評価総額1500万円は松方一族の発表内容を鵜呑みにしたもので、裏付け取材が欠落した誤報だっ

松方巌邸（東京・三田網町）

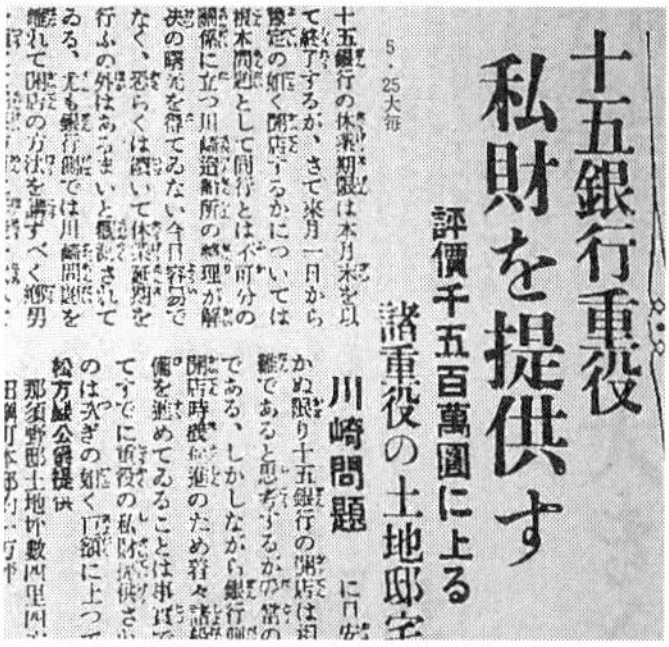

十五銀行重役　私財を提供す
（大阪毎日新聞）

た。松方巖の提供した資産の実際の評価額は485万円、松方正雄は23万円だった。このため実際の財産評価額の総額762万円が、十五銀行の負債総額の1割にも満たない金額だったことが、再び混乱に拍車をかけた。

松方巖、松方正雄の資産提供額が少ないとして、後日二人の私財提供は700万円に増額されることになる。

新聞の見出しにある「私財提供す……」は、同年11月29日まで約6カ月間実行されなかったばかりか、私財は一部しか提供されなかった。

当時の新聞は、十五銀行の松方巖頭取だけでなく、川崎造船所の松方幸次郎社長も痛烈に批判している。松方一族の兄弟間融資により社会が大きく混乱し、国政が停滞したのは事実である。

「公爵家（松方家）の御曹司（松方幸次郎）で、ソロバン勘定を知らないといえば世間の聞こえは良いが、ソロバンを知らずにあれほど手際よく十五銀行を食い物にすることはできないはずだ」と東京日日新聞は7月6日の紙面で報道した。

「十五銀行を食い物……」などという表現で松方一族に対して辛辣な批判記事を報道したのは東京日日新聞だけではなく、他紙も同様な報道だった。

迷走した十五銀行の整理案

13項目の整理案

１９２７（昭和２）年、田中義一内閣の蔵相、高橋是清は十五銀行の整理案の作成を貴族院議員の郷誠之助に依頼した。郷は十五銀行にあらゆる財務資料の提出を求め、再建へ向けて研究を重ねた。そして整理案がまとまった。

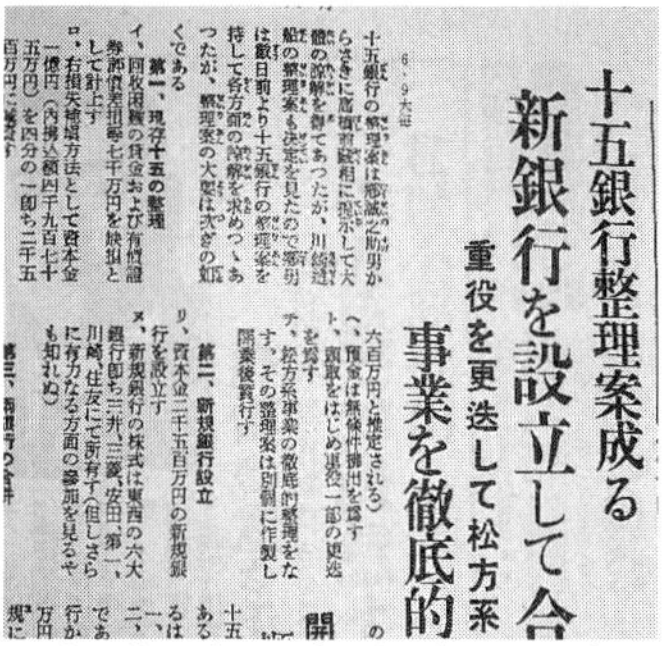
十五銀行整理案成る
新銀行を設立して合
重役を更迭して松方系事業を徹底的

6・9大毎

十五銀行の整理案は郷誠之助男から、さきに高橋蔵相に提示して大体の諒解を得てあつたが、川崎造船の整理案も決定を見たので郷男は数日前より十五銀行の整理案を持して各方面の諒解を求めつゝあつたが、整理案の大要は次ぎの如くである

第一、現存十五の整理

イ、回収困難の貸金および有価証券評価差損等七千万円を欠損として計上す

ロ、右損失補填方法として資本金一億円（内払込額四千九百七十五万円）を四分の一即ち二千五百万円に減資す

六百万円と推定される）

へ、預金は無条件払出を為す

ト、頭取をはじめ重役一部の更迭を為す

チ、松方系事業の徹底的整理をなす、その整理案は別個に作製し開業後発行す

第二、新規銀行設立

リ、資本金二千五百万円の新規銀行を設立す

ヌ、新規銀行の株式は東西の六大銀行即ち三井、三菱、安田、第一、川崎、住友にて所有す（但しさらに有力なる方面の参加を見るやも知れぬ）

第三、新銀行の合併

大阪毎日新聞（昭和2年6月9日）

整理案では新銀行を設立し、その後十五銀行と合併するもので、経営破たんの原因となった松方一族の企業を徹底的に整理するというものだった。

１９２７（昭和２）年６月９日、大阪毎日新聞は十五銀行の整理案の詳細を報道した。報道によると整理案として次の13項目の確実な実行が要求された。

十五銀行の整理案

①回収困難な貸金及び有価証券を評価損として7000万円を欠損計上すること

②資本金1億円を2500万円に減資すること（四分の一減資）

③日本銀行より5000万円の融通を受けること

④別途に関係筋（島津家など華族筋を示唆か）より大口定期預金の預入を受けること

⑦市民の預金は無条件に払い出すこと

⑧頭取はじめ重役の一部を更迭すること

⑨松方系企業を徹底的に整理すること

⑩資本金2500万円の新銀行を設立すること

⑪新銀行の株式は三井、三菱、安田、第一、川崎、住友で所有すること

⑫新銀行は減資後の十五銀行と合併すること

⑬合併後の十五銀行は株主配当を行うこと

以上13項目の整理案で十五銀行は再建されるはずだった。

しかしこの整理案がまたも立ち往生した。理由は川崎造船所の整理案が確定していないことであった。

この整理案は、川崎造船所に対する債権（4000万円）が完全に回収される、という条件で作成された。従って川崎造船所が4000万円を返済した後、川崎造船所の整理が進行しなければ、十五銀行の整理案も見直さなければならなかった。

十五銀行の再建には大前提として川崎造船所の整理が必要で、換言すれば薩州財閥の中核企業である川崎造船所の整理が求められた。

十五銀行頭取の松方巌と川崎造船所社長の松方幸次郎は兄弟で、両社の関係は資本的にも人的にも極めて密接な関係だった。このため十五銀行の整理案作成は川崎造船所の整理案作成と同時並行で進めるべきであった。

なぜ同時並行で整理案作成ができなかったのだろうか。

川崎造船所の事業には軍艦製造をはじめ軍需品の製作が多く含まれていた。当時、国家が必要としていた国策企業だった。

この時期、第一次世界大戦は終結していたものの、世界情勢は不穏な状態が続いていた。このため政治が国策企業の運営に深く絡んだ。陸軍の謀略で行われた満州事変が数年後に起きたように、日本は着実に軍国主義の道を進み、それに伴い軍需企業の育成が急務だった。

整理案の迷走

1927（昭和2）年7月8日、政府は川崎造船所の救済を打ち切ることを決めた。この結果、十五銀行の整理案は再び迷走し、これまで整理案作成に腐心していた郷誠之助は、立案作業から手を引いた。

当時の大阪毎日新聞は「郷男爵《だんしゃく》遂に立案を投げだす」という見出しで報道した。郷は政府に対して「整理案作成は私の手においては、不可能である。遺憾ながら手を引くので政府の方で対策を講じてもらいたい」と述べた。事実上の抗議辞任であったが、後日この辞任は撤回される。

その後、十五銀行は横浜の蘭印銀行により本店（東京都京橋区木挽町・当時の住居表示）の宅地1100坪と建物全部、日本橋支店、横浜支店の建物が仮差し押さえられた。また右翼思想家、北一輝らによる十五銀行に対する恐喝事件も発生し、30万円が銀行から消えた。

先に作成された整理案は白紙に戻された後、郷は再度、十五銀行再建の草案を政府に提出した。草案は2項目からなり、①3分の1程度の減資と新銀行への出資額約1000万円の払い込み、②市民の預金1000万円以下は全額支払い、1000万円以上は10年間で返還する、という内容だった。しかしこの草案も否認された。十五銀行の再建は、一筋縄ではいかない事態が続いた。

第二章　なぜ十五銀行は経営破たんしたか

薩州財閥と昭和の金融恐慌

危険な合併

1927（昭和2）年3月15日、東京渡辺銀行の休業をきっかけに始まった金融恐慌は、4月21日までの1カ月間で27の銀行が休業。その預金総額は7億7300万円（昭和元年末現在）だった。

このうち十五銀行の預金総額は3億6800万円で全体の5割近くを占めていた。十五銀行の貸し出した資金が回収不能になり、日本の金融史上で空前のパニックとなった、といえる。この金融恐慌に「薩州財閥」が大きく関与していた。

昭和初期の金融恐慌と「薩州財閥」との関係は、現在でも研究が進んでいない。関連の書籍や論文は見当たらない。

多額の預金量を誇っていた十五銀行は、なぜ行き詰まってしまったのだろうか。

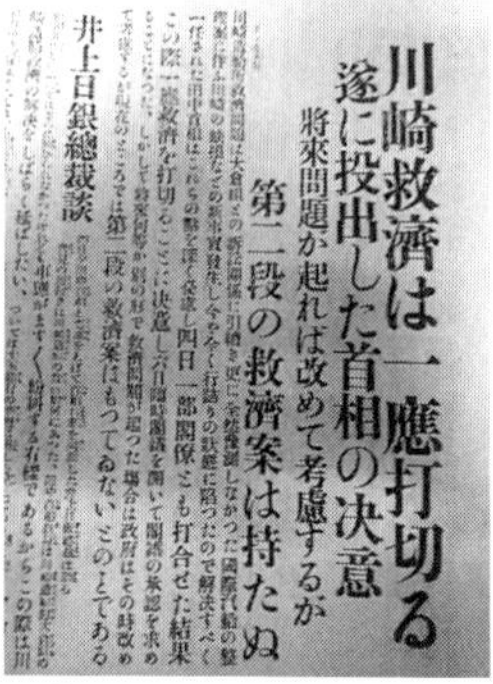
川崎救濟は一應打切る
遂に投出した首相の決意
將來問題が起れば改めて考慮するが
第二段の救濟案は持たぬ
井上日銀總裁談

「川崎救済を打ち切る」
（大阪毎日新聞）

十五銀行の経営破たんの大きな要因は、波速銀行などとの合併に起因する。政略結婚ともいうべき危険な合併で「薩州財閥」が水面下で動いた。

波速銀行は松方系企業に多額の資金をつぎ込み、その資金の多くが不良債権になっていた。このため合併後、十五銀行の経営に対して、悪い風評が飛び交った。これは根拠のある事実の流布だった。

日本銀行が１９２９（昭和４）年７月に公表した報告書によると、十五銀行の要整理貸金は１億５７４４万円で総貸出金（３億９０００万円）の約三分の一にあたる。この要整理貸金のうち松方系企業に対する貸出金だけでも７６６０万円（川崎造船所を除く）を占めていた。

経営破たん時、松方系企業（川崎造船所を除く）に対する貸出金総額は８０００万円であったことから、約９割は不良債権だったことになる。

これに川崎造船所に対する貸出金の４２００万円を加えると、実に１億１８６０万円の巨額融資が行われていた。十五銀行や川崎造船所など松方系企業には監査役がいたはずであるが、企業の財務実態などを精査することなく、形だけの監査役ポストだった。つまり名ばかり監査役だったといえる。

財務上の問題点を指摘すると解任されるという組織構図だったのだろう。

「松方系企業に対する融資はフリーパスで通過させる」。

これが十五銀行の社内常識だったのだろう。松方系企業側もそのことを認識し、悪用していた可能性がある。現在の法律を適用すると、経営陣に特別背任の疑いもあるが、この件は調査された形跡がない。総理大臣や大蔵大臣を務め、財政通で功績をあげた「松方正義の息子の企業である」という忖度《そんたく》が働いたのだろう。

十五銀行をどのように整理し、再建させるかは、川崎造船所を頂点とする松方系企業の整理と密接不可分だったことは前述した。しかしこのことが政治と絡んで迷走に迷走を重ねた。理由は「川崎造船所は軍需企業」であり、国策として必要な会社だった。

「国策の推進と民間企業の救済」、そして「民間企業の救済と公的資金（税金）の投入」。この二つの施策をいかに克服し、社会的に正当化するかが注目された。川崎造船所の整理案はこのような事情を考慮し作成され、救済へ導かれた。政治家としての確固たる思想基盤がない

表１　十五銀行の要整理金（十五銀行小史より作成）

項目	金額	備考
査定による損失額	7500 万円	昭和２年上半期
営業上の損失額	854 万円	昭和２年下半期
不確実債権 （不良債権）	7660 万円	松方系企業が相手先か
合計	1 億 5744 万円	

表２　島津家財務部への貸出金（日本銀行報告書より作成）

大正 11 年末	180 万円
大正 12 年末	220 万円
大正 14 年末	280 万円

公爵島津家蔵品入札目録（国会図書館）

とこの二つの施策は克服できない。

日本銀行の報告書によると、十五銀行の大口貸出先に島津家財務部もあった。島津家財務部への貸出残高は１９２５（大正14）年末時点で２８０万円にのぼっていた（58頁の表参照）。

この貸出金は島津家が土地や資産を売却し返済されたと推察する。報告書では「島津家の金融は困難となっているが、回収については懸念を要せざるものの如し」と述べている。

島津家は土地などの多くの資産を所有していたことが分かる。

国会図書館には島津家が書画や刀、工芸品などを売却した時の資料が残されている。

「公爵島津家蔵品入札目録」と書かれた資料によると、入札は昭和3年5月28日、東京美術倶楽部で行われ、３８０点が売却された。

入札には東京の伊藤平山堂など13業者、京都から服部来々堂など5業者、大阪から春海商店など4業者、名古屋から宇治久商店3業者の合わせて25の業者が札元として参加した。

整理案ようやくまとまる

十五銀行は、設立の背景、株主構成、預金総額など他行と格段の相違があり、多くの特殊事情を抱えていた。このため十五銀行は、最終整理案が確定するまで8カ月間かかった。

経営破たんした時に整理を必要とする金額（不良債権）は1億5700万円余だった。

具体的な要整理金の内訳は表1（58頁参照）に示す通りで、このうち不確実債権は川崎造船所など松方系企業が多くを占めていた。表1は十五銀行が作成したもので、昭和4年に日銀が作成した報告書とは一部金額の差異があるが、この表に示す損失額と不確実債権（不良債権）をどのように処理するかが十五銀行再建の大きな課題だった。さらに資本金（1億円）の未払込金額5025万円の徴収も大きな課題に加わった。

しかし再建策として作られた整理案は、政府に認められずとん挫した。整理案作成時の首相は田中義一で、内閣に鹿児島出身者は一人もいなかった。「薩州財閥」が頼りとしていた松方正義はすでに死去し、鹿児島出身の床次竹二郎は、高橋是清内閣では内務大臣であったが、1921（大正10）年には下野していた。

昭和2年7月8日、田中義一内閣は川崎造船所の救済を打ち切る声明を出した。この時期、薩州財閥の政治力は極めて弱かったことがうかがえる。

整理案がとん挫した背景には、薩州財閥を支援する政治家と、三菱財閥などを支援する政治家の戦いが水面下であった。また、川崎造船所は大倉商事など大倉組系企業に鉄鋼材の残金276万円が不払いだった。

このため川崎造船所は大倉組から鉄鋼材の支払いをめぐって訴訟を起こされ、一審、二審は敗訴していたことが整理案作成の過程で判明した。

大倉組は新潟県出身の大倉喜八郎（1837－1928）を創始者とし、大成建設、ホテルオークラ、札幌のスキー場大倉山シャンツェなどを創業し、現在もその名前が各地に残っている。

神戸には大倉喜八郎の広大な別荘があった。その名残りで、神戸の地下鉄には大倉山駅がある。川崎造船所は、神戸を舞台にして大倉喜八郎とも明治期から昭和初期にかけて宿敵関係にあった。

1927（昭和2）年12月、政府と日本銀行の承認を得た十五銀行の最終整理案がようやくできた。

整理案の骨子は次の通りであった。

①現在の資本金の未払込金全額（5025万円）を徴収したうえで、資本金を五分の一に減資すること

②積立金（３４６０万円）を取り崩し、重役の私財提供により、欠損金と不確実資産の補てん及び消却（帳簿から消す・償却ではない）を行うこと
③日本銀行より８０００万円の特別融通（特別融資）を受けること
④前項の資金、今後の営業利益金、債権回収金、資産処分金を使って無担保の債務の支払いをすること（傍線は筆者）

この整理案を分かりやすく説明すると、まず資本金の未払込金（５０２５万円）を島津家など株主から徴収する。

その後、資本金を5分の1に減資し２０００万円にする。次に積立金（３４６０万円）を取り崩し、経営陣（重役）提供の私財（見積額７００万円）と合わせて損失と不確実債権（不良債権）の消却に充当する。そして開業後の支払資金と営業資金として日本銀行から特別融通金（８０００万円）を借りる、というものであった。

この整理案の公表を前に、十五銀行は同年10月31日、出張所13カ所を廃止し、11月30日までに行員５２０名に休職命令を発した。④の傍線で示した「無担保の債務」は、誰に対する債務であ

十五銀行本店（東京　木挽町）

るかは不明である。

十五銀行は再建へ向け少しずつ動き始めた。

１９２８（昭和３）年４月28日、桜満開の頃、十五銀行はようやく営業を再開した。約１年間の休業だった。この日１年ぶりに銀行の扉が開かれ、市民の出入りが始まった。文字通り待望の春が訪れた。

最終整理案決定までの経緯

１９２７（昭和２）年５月10日、高橋是清大蔵大臣は官僚出身の郷誠之助に整理案の作成を委嘱した。

郷誠之助は岐阜県出身で同志社英学校から東京大学に進学。東京株式取引所（現・東京証券取引所）の理事長などを務め、財界のリーダー的存在だった。

また貴族院議員を務め、三菱財閥の岩崎家とは姻戚関係だった。同年５月27日、郷は大蔵大臣と海軍大臣に整理案を提出。両大臣は了承し同年５月31日、閣議決定した。

しかし当時の政局は混乱を続けていた。閣議決定の翌日の同年６月１日立憲民政党が誕生し、立憲政友会と二大政党時代に入った。

立憲民政党には床次竹二郎も政友会を脱党し、党顧問として参加していたが、同党は三菱財閥寄りで知られていた。

同年7月8日、政府は川崎造船所の救済打ち切りを発表。この結果、十五銀行は前述したように単独整理の道を進むことになった。この原因は田中義一内閣が立憲民政党に押し切られ、閣議決定が覆されたことによる。この結果、十五銀行と川崎造船所はそれぞれ単独整理の道を歩むことになった。

1927（昭和2）年10月31日、十五銀行は大阪府下の出張所13カ所を廃止し、行員520名を休職させた。

同年12月6日、整理案が公表され開業へ向け準備が進められ、1928（昭和3）年4月28日、約1年ぶりに十五銀行は開業した。

開業後、十五銀行は種子島、指宿、志布志の出張所を廃止したのに続き、昭和5年3月9日、伊集院、加治木、大口、岩川、知覧、鹿屋、国分、垂水、西市来、加世田、出水の出張所も廃止した。十五銀行は経営合理化のため鹿児島県内全域に配置していた出張所網を大幅に縮小した。

このため鹿児島県内では預金者が動揺し混乱した。

十五銀行の歴史

宮内省の御用銀行

1872（明治5）年、新政府は第一国立銀行の開業を認可したのを皮切りに、1879（明治12）年までに全国に153の銀行の開業を認可した。いわゆるナンバー銀行の開業である。第十五国立銀行は、秩禄処分（公家や大名の給与返上）により公家や大名たちに支払われた公債を原資に、毛利藩や島津藩など有力藩の大名や公卿たちが出資した。

第十五国立銀行は1877（明治10）年5月21日、東京都京橋区木挽町8丁目2番地（現・中央区銀座8丁目）に本店を置き開業した。この時期、まだ西南戦争は続いており、第十五国立銀行は官軍へ戦費を提供するなど豊富な資金量を誇っていた。資金量は全国の銀行の半分近くを有し、安定度や信用度は極めて高かった。

同銀行は華族銀行とも呼ばれ、宮内省の御用銀行でもあった。開業に際しては内務卿（現在の総理大臣格）の大久保利通も大きく関与した。つまり大久保は島津家ともつながっていた。

一方この時期（明治10年5月頃）、西郷隆盛は西南戦争で敗走を続けていた。

1897（明治30）年5月21日、全国のナンバー銀行が株式会社に組織改編した。

第十五国立銀行も「株式会社十五銀行」として新たに誕生した。

1898（明治31）年7月、「株式会社十五銀行」は臨時株主総会を開き、これまでの経営陣を刷新した。松方巌はこの時、取締役として経営陣に入り込んだ。父の松方正義は、この年の1月12日まで第6代内閣総理大臣で政治力は十分にあった。

1901（明治34）年、副頭取の酒井明が病気で辞任すると松方巌は副頭取に就任した。取締役として経営陣に入り込み、3年後には副頭取に就任するスピード出世である。父・松方正義は総理大臣を辞任後、前年まで第8代大蔵大臣に就任していた。

1904（明治37）年2月、日露戦争が始まると、戦費を賄うため政府の公債990万円を引き受けた。十五銀行にはそれだけの資金力があった。

経営破たんの遠因

1920（大正9）年8月2日、十五銀行は浪速銀行、神戸川崎銀行などを吸収合併し、組織の拡大を進めたと思われていたが、実はこの合併が十五銀行の経営破たんの遠因にもなった。

両行の財務の精査が十分に行われずに吸収合併が実行された。

そもそも十五銀行、波速銀行、神戸川崎銀行の頭取がそれぞれ親族関係（松方一族と川崎一族）にあった上に、合併した両行の預金支払準備率が低く、経営は極めて厳しい状況だった。

波速銀行は、第五国立銀行（島津家も資本参加）と第三十二国立銀行（大阪の豪商平瀬家が資本参加）が合併したもので、本店（写真参照）は大阪市東区淡路町２丁目にあり、頭取は松方正雄（松方正義の四男）だった。大阪市内のほかに堺、和歌山、西宮、神戸、東京、鹿児島、隈之城（鹿児島県薩摩川内市）、奄美大島に支店があった。

神戸川崎銀行の頭取は川崎正蔵の養嗣子・川崎芳太郎だった。両行とも「薩州財閥」への資金供給銀行だった。

波速銀行と神戸川崎銀行の支払準備率が低下した原因は、川崎造船所をはじめ松方系企業に多くの資金を貸し出し、そのほとんどが無担保融資で回収不能な状態だったことによる。

その融資は「資金貸出」ではなく、「資金放出」だったといえる。銀行経営者として融資先のリスク分散を顧みない、ずさんな経営の実態だったが、これに異論を唱えるものがいなかった。

この背景には松方巌（十五銀行頭取）の弟・松方幸次郎が川崎造船所の社長で、川崎造船所の創業者川崎正蔵の養嗣子・川崎芳太郎が神戸川崎銀行の頭取に就いており、「無担保の親族間融資」

波速銀行本店

が銀行経営に浸透していた。銀行の私物化だった。

日本銀行が批判

日本銀行は合併時の財務状況について「波速銀行は大銀行であるが経営方針は十五銀行のように堅実ではない。支払い準備率が29％しかない。また川崎造船所をはじめ松方系諸事業に資金を放出し、資産の内容ははなはだ流動性を欠いている」と痛烈に批判している。

十五銀行川内支店

傍線の松方系諸事業とは日本銀行創設者の松方正義の息子たちの企業である。

合併により十五銀行は無担保融資額（信用貸し）が急激に増加し、7年後に起きる経営破たんに拍車をかけた。

経営破たんは、第一次世界大戦後の不況や関東大震災により融資先の経営が行き詰まり、資金の回収が出来なかったことが要因である、と表向きにはいわれていた。

しかし、十五銀行の融資先は川崎造船所を筆頭に「薩州財閥」の企業群で、川崎造船所は不況下での経費削減や経営の合理化を進めようとせず、いずれ好況が来るだろうと楽観していた。

経営を合理化できなかった背景には、社長の松方幸次郎が長期間にわたって海外出張を続けており、司令塔ともいうべき責任者が不在だったことも大きな要因である。

司令塔不在など一族支配による負の連鎖が続いていた川崎造船所は、一方では松方社長のワンマン体制が着々と構築され、支配体制という点では盤石だった。

東京の国立西洋美術館に展示してある松方コレクションは、松方社長が海外出張時に購入した絵画や彫刻類である。購入経費が私費だったのか、会社経費だったのか不明だが、仮に「会社経費が使われた」のであれば、現在の法律では特別背任罪にあたる。

絵画類の購入経費は松方社長の盤石な支配体制のなかで社内調査された形跡はない。

松方兄弟間の巨額融資

密接な関係

１８９６（明治29）年10月15日、川崎正蔵の個人経営だった川崎造船所は「株式会社川崎造船所」に組織変更した。社長には松方正義の三男・松方幸次郎が就任。松方幸次郎はこの時31歳、副社長の川崎芳太郎は27歳の若さだった。

創設当時の資本金200万円は、1911（明治44）年11月までに1000万円に増資され、その後1916（大正5）年に2000万円、1921（大正10）年までに資本金4500万円に増資した。

1928（昭和3）年5月26日、松方幸次郎社長は臨時株主総会で辞任した。約32年間社長を続けた松方は経営の責任を問われ、事実上解任された。

川崎造船所と十五銀行は極めて密接な関係だった。川崎造船所の社長松方幸次郎と十五銀行の頭取松方巌は兄弟で、融資は厳正な審査が行われるはずもなく約30年間続いていた。兄弟間融資の構図は、病魔が進行するように双方の企業を蝕《むしば》んでいったといえる。そして両社は複雑に、そして密接に絡み合い泥沼に入り込んだ。

川崎造船所の経営には課題が山積し、このうち最大の課題は財務体質の改善だった。毎年借入金の返済どころか利払いに追われる状況が続いた。当然、経営は行き詰まり、

表3　三銀行の代表者と支払い準備率（大正9年時）

十五銀行　松方巌頭取（58歳）	56%
波速銀行　松方正夫頭取（52歳）	29%
神戸川崎銀行　川崎芳太郎頭取（51歳）	14%

表4　十五銀行の無担保融資（信用貸し）の推移（単位千円）

大正11年末	1億1355万6
大正14年末	1億5137万9
昭和元年末	1億6493万8

（日本銀行金融資料・昭和編第24巻481頁から作成）

倒産寸前まで追い詰められていた。

経営危機を警告

１９２４（大正13）年、『東洋経済新報』は川崎造船所の経営危機を警告した。同年1月26日発行の同誌には「整理を要する川崎造船」という見出しで、６段３０００文字で警告している。川崎造船所の経営危機が表面化し、社会問題になる3年前である。

その骨子は川崎造船所の財務状況について、①所有する船舶が１０００万円も不当に高く評価されている、②社外債務の６４８２万円に、未払いの賃金や未払いの社債利子などを加えると７０６４万円にのぼる、③減価償却はしないで、利益金のほとんどを株主と役員への配当や賞与に使っている、と解説している。

そして最後に「整理断行の必要」という小見出しで、松方幸次郎の社長としての資質を次のように痛烈に批判している。

「川崎造船所は放漫な経営方針を刷新すべきであるが、その真面目さがない。資産に数千万の穴をあけな

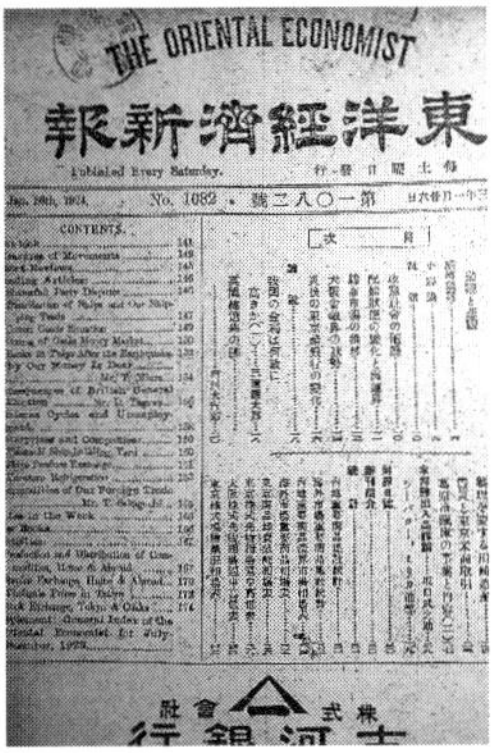

東洋経済新報
（大正13年1月26日号）

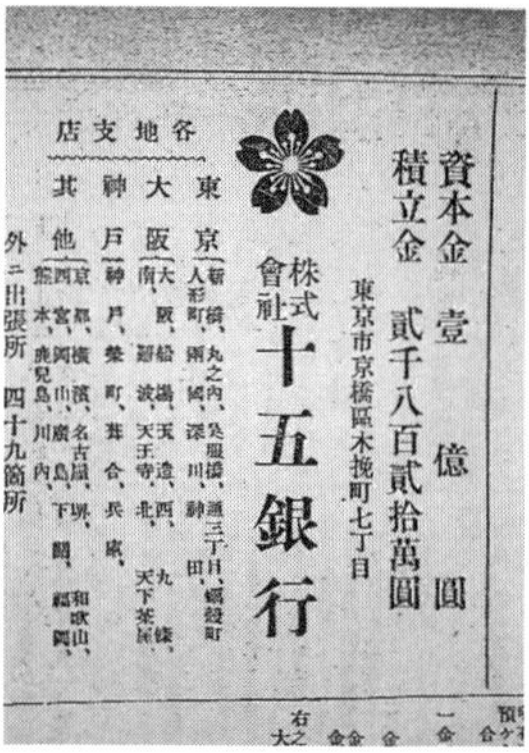

十五銀行の広告
（「東洋経済新報」）

がら、高配当を続けている。その原因は松方幸次郎社長本人にある、と言わねばならない」

この時期、川崎造船所の筆頭株主は松方一族だった。松方社長は従業員への未払い賃金がありながら、会社の資金を株主への高配当という名目で、松方一族の口座へ還流させていた。

総理大臣や大蔵大臣を務めた松方正義は、この記事が出た時はまだ生存していた。財政通として知られていた父・松方正義がこの記事を読んだかどうか分からないが、苦渋の日々を過ごしていた、と推察する。この記事が出た半年後に松方正義は亡くなった。

皮肉にも同誌の裏表紙には、十五銀行の広告が掲載されている。川崎造船所の主力銀行だった十五銀行は、この記事の3年後に休業した。そして十五銀行の休業は、約1年間続いた。

1927（昭和2）年7月10日、朝日新聞は「私は途方に暮れている」という見出しで松方社長の談話を掲載している。

その内容は、川崎造船所をどのように整理すべきか分からない。自分の生活には元来プログラムが無い。プログラムにこだわる生活がしたい、と述べている。余りにも緊迫感を欠いた談話である。

１９２８（昭和３）年４月28日、十五銀行は二転三転した救済策がようやくまとまり、再び開業した。

その後、帝国銀行に吸収合併され「十五銀行」という文字は社会から完全に消えた。「薩州財閥」という言葉も死語になった。

第三章　明治期の川崎造船所と薩摩閥政治家

造船業を創業した川崎正蔵

天保8年（1837）7月10日、川崎正蔵は現在の鹿児島市大黒町で生まれた。

少年時代の川崎の様子は不明だが、17歳の時、長崎へ行き、ビジネスを学んだ記録が残されている。川崎にビジネスを教えたのは薩摩の豪商浜崎太平次（1824－63）だった。浜崎は当時、長崎を拠点に廻船問屋を経営し屋号はヤマキだった。川崎はヤマキの店員だった。

ヤマキは長崎の新地の広大な敷地に倉庫群を所有し、その敷地は薩摩藩の蔵屋敷に隣接していた。ヤマキ長崎支店の当時の写真は、長崎大学付属図書館が所蔵しており、この事実を2011（平成23）年1月3日、南日本新聞が報道した。

薩摩藩の蔵屋敷は長崎市新地の中華街の入口にあった。薩摩藩蔵屋敷跡と書かれた案内板が現在設置してある。幕末、薩摩

南日本新聞（平成23年1月3日）

川崎正蔵

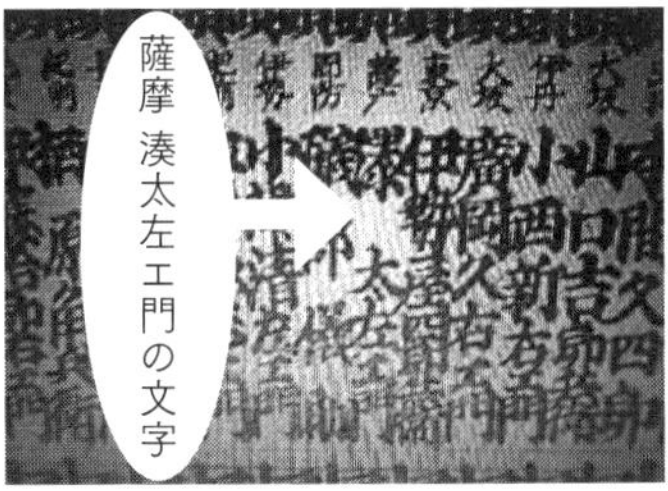

江戸後期長者番付表

藩の蔵屋敷には小松帯刀、五代友厚、寺島宗則などが出入りしていた。

幕府直轄の天領だった長崎では、出島を拠点に日本各地をはじめ中国やオランダと貿易が展開されていた。

薩摩藩の御用商人でもあった浜崎太平次は変名、湊《みなと》太《た》左《き》衛《え》門《もん》という名前を使って沖縄、大阪、新潟、函館などで廻船問屋を経営。沖縄で仕入れた黒砂糖や中国陶器を大阪や新潟などで販売し、新潟や函館で仕入れた海産物を大阪や長崎などで販売して巨額の富を得ていた。

江戸時代後期、浜崎は湊太左衛門という名前で、全国の長者番付の上位にランクされる豪商になり、大阪の鴻池一族や住友一族などと長者を競っていた。

明治新政府は薩摩、長州、土佐、肥前による藩閥政治で政策を推進し、浜崎のビジネス環境が一変した。

1876（明治9）年9月、川崎正蔵は政府へ西洋型の帆船製造資金（造船所開設資金）として50万円の借り入れを申請した。窓口は郵便制度を創設した前島密（当時の役職名は駅《えき》逓《てい》頭《かしら》、後年の郵政大臣）で、申請書は大久保利通内務卿（総理大臣格）へ提出され、その後大蔵卿（大蔵大臣）の大隈重信へ回された。

50万円の申請に対して大隈が決裁したのはわずか３万円だった。この時の借入申請書は、「大隈文書」として早稲田大学に保存されている。

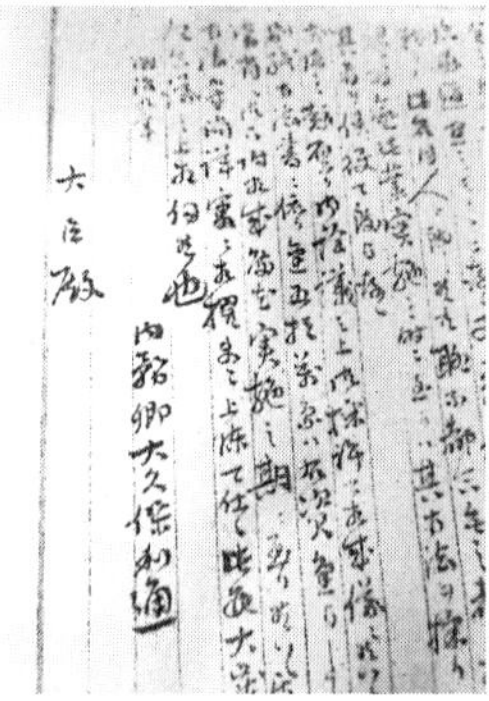

大久保利通の自筆文書
（早稲田大学所蔵）

川崎の借入申請書に大久保は自筆で追加文書を作成し、大隈に決済するように求めたが、大隈は大久保の要請を拒否した。これは、後年大隈が反薩摩的な政策を遂行する出発点と思われる。

薩摩閥の松方正義は当時、大蔵大輔《たゆう》（現在の大蔵次官）で、授産局長も兼務していたが「大隈決済」に反発しなかった。

この時期、鹿児島では私学校の生徒たちが政府の方針に反発し、西郷隆盛に決起を促していた。

松方は、川崎が提出した50万円の借入申請書の取り扱いより鹿児島の動向を気にしていたのだろうか。

余談だが、１８７３（明治６）年の征韓論争の閣議で、大隈は西郷隆盛から痛烈に叱責された。大隈は西郷には反発できなかったが、薩摩閥の大久保や松方の主張には対峙し強く反発した。

後年、大隈は渋沢栄一や大倉喜八郎らが開設した東京商法会議所を積極支援した。しかし鹿児島出身の五代友厚らが開設した大阪商法会議所に、大隈が積極支援した形跡は見当たらない。さらに大隈は、川崎正蔵のライバルで土佐出身の岩崎弥太郎が創業した三菱造船所などの事業も支援した。このため川崎は海運業だけでなく、造船業でも岩崎と対抗することになる。

造船業では神戸と長崎で、国政では薩摩閥と反薩摩閥という構図で川崎と岩崎のライバル関係は続いた。

川崎はこの時期「彼が岩崎《いわ》なら、こちらは川崎《かわ》だ」という言葉を残している。

甲南大学の教授で著書『阪神財閥』を上梓した三島康雄氏は、川崎家が保存していた「貸金証書」を閲覧し、松方への貸金の総額を算出した。（『阪神財閥』３５２頁参照）

川崎は、松方正義へ１８７６（明治９）年４月から１８８０（明治13）年８月までに16回にわたり、合計９４２０円を貸している。

しかし、この金は松方から川崎へ返済された形跡はない。この事実が後年、松方一族と川崎一族の「危険な関係」に発展したと推察する。

この金は川崎から松方への政治献金だった、と三島康雄氏は指摘しているが「貸金証書」が残っている。だから、これは政治献金ではない。政治献金であれば「貸金証書」は残されていないはずである。献金《けんきん》と貸金《かしきん》は税務上も異なる。

松方はなぜ多額の金が必要だったのか。

西南戦争は1877（明治10）年に終結したが、多額の戦費が使われた。川崎の貸金は西南戦争の戦後処理の経費として使われた可能性もある。松方は大久保とともに明治新政府にいたが、明治新政府は財政難で資金面で余裕がなかったはずである。

政商・川崎正蔵と官僚・前田正名

明治初期、藩閥政治で国策が次々に決まっていく中で、川崎正蔵は鹿児島出身の官僚や政治家を頼った。その一人に鹿児島出身の前田正名（1850－1921）がいた。川崎正蔵にとって前田は格好の薩摩閥官僚だった。前田は欧州視察から帰国後、殖産興業を推進する具体的な政策を立案。いわゆる大久保亡き後の大久保派だった。

前田はフランス人モンブランの紹介でパリへ留学。7年間フランスに滞在した。モンブランは幕末から明治初期にかけて横浜で貿易商を営んでおり、当時長崎にいたイギリス人貿易商グラバーと対峙していた。

幕末、モンブランは五代友厚の紹介で鹿児島を訪れ、指宿の浜崎太平次宅に滞在した記録も残されている。（拙書『権力に対峙した男・下巻』145頁参照）

前田正名の人脈はモンブランを起点に大久保利通、五代友厚につながり、イギリス派の西郷隆盛とは一線を画していた。1876（明治9）年、パリから帰国した前田は、大久保がトップの明治新政府に入り中央銀行（現・日本銀行）の設立や貿易会社の設立を提唱した。このうち中央銀行は後年、薩摩閥の松方正義が創設した。

前田正名

1881（明治14）年、川崎正蔵は神戸布引《ぬのびき》の土地購入のため農商務省から5万円を借りた。この時の農商務省と大蔵省の筆頭書記官（兼任）が前田正名だった。

この年、国政が大きく動いた。「明治14年の政変」である。

「明治14年の政変」で大隈重信は政府の方針に反対し下野したが、薩摩人は誰も下野しなかった。

この政変で大隈と薩摩人との間に決定的な距離が生まれた、と筆者は思う。

1881（明治14）年10月、川崎正蔵は政府から西洋型風帆船の興竜丸と青竜丸の払い下げを受けた。当時、前田は農商務省内で高級官僚として権力を握っており、川崎への西洋型帆船の払い下げを認めた。

ところが薩摩人同士がぶつかった。前田が松方正義と衝突した。原因は前田がまとめた『殖産興業意見』に対してデフレ政策論者の松方が反対した。組織内の意見の対立は、地位の高い方が勝つのは当然である。結局、1885（明治18）年12月31日、前田は薩摩閥内の権力闘争に敗れ、いったん政府を去る。

この時期、大蔵卿は松方正義だった。川崎はこの権力闘争を近くで見ていたはずで、松方に急接近した。一方、前田は山梨県知事などを経てその後、農商務省に復帰し、明治23年に農商務次官に昇進した。

前田が残した文書や報告書などは現在、国会図書館の憲政資料室に保存されている。これらの史料は1966（昭和43）年、前田正名の孫にあたる前田エア子氏より寄贈されたもので、357冊の文書群である。これらの文書群は、歴史家の詳細な研究が始まったばかりである。

2019（平成31）年2月5日、KTS鹿児島テレビは開局50周年記念番組として前田正名の生涯をドラマ化して放送した。ほぼ無名であった前田正名の功績が郷里鹿児島で初めて紹介された。

薩摩閥閣僚の実力

1887（明治20）年7月6日、政府は川崎正蔵へ兵庫造船所の貸下げを決めた。貸下げを受けると、数年後に廉価で払い下げになる。「貸下げを経て、払い下げを受ける」。この方式で明治期の財閥は多くの国有財産を取得した。

官営工場の払い下げは高島炭鉱（長崎県）、釜石製鉄所（岩手県）、長崎造船所（長崎県）、富岡製糸場（群馬県）などが主な対象だった。

松方正義（大蔵大臣）

明治期の造船所は、①幕府や藩が所有していた造船所が官営造船所になり、その後、海軍工廠《かいぐんこうしょう》（国営）に経営形態を変えるケース、②幕府や藩の造船所が官営造船所になった後、民間造船所として売却されるケースがあった。

長崎の三菱造船所、兵庫（神戸）の川崎造船所、東京の石川島造船所は②のケースだった。このほか民間で独自に創業したのは大阪造船所（現・日立造船）で、これらが造船業界の主力企業だった。

当時の農商務大臣は土佐出身の谷干城だったが、1886（明治19）年3月から欧州視察に出かけ、西郷従道が臨時に農商務大臣を務めていた。農商務省は当時、産業行政を担当する官庁だった。

この時期、前田は農商務省の筆頭書記官として在籍。大蔵大臣は松方正義だった。薩摩閥にとって絶好の人材配置だった。

1887（明治20）年6月7日、谷干城（土佐）は欧州視察から帰国後すぐに、同じ土佐出身の岩崎弥太郎へ長崎の造船所を払い下げた。

兵庫（神戸）の造船所が正式に川崎の所有に移ったのは同年11月18日で、岩崎が川崎より

西郷従道（農商務大臣）

森有礼（文部大臣）

大山巌（陸軍大臣）

三菱長崎造船所の巨大クレーン
（明治42年設置）

約5カ月早く払い下げを受けた。土佐の岩崎が、薩摩の川崎より先行した。

長崎造船所と神戸造船所は、規模がほぼ同等だった。しかし、長崎造船所には１８７９（明治12）年に設置された１０００トン（引揚げトン数）の巨大クレーンがあったが、神戸造船所にはなかった。現在世界遺産になっている三菱重工業長崎造船所の巨大クレーンは１９０９（明治42）年に設置された物だが、明治政府が日本で初めて設置した同様の巨大クレーンは岩崎弥太郎に払い下げられた。

貸下げを経て、払い下げに至るまでの経緯に薩摩藩閥の政治家が大きく動いた形跡がある。

川崎が貸下げの申請をした時、内閣は伊藤博文総理大臣の下に、松方正義大蔵大臣、大山巌陸軍大臣、森有礼文部大臣、西郷従道農商務大臣兼海軍大臣がいた。閣僚の中に鹿児島出身が４人もいた。

当時、石川島造船所（現在のＩＨＩ石川島播磨重工業）は有力な企業だった。石川島造船所を経営していたのは平野富二（長崎土佐商会出身・大隈派）で、25年間の造船所経営の実績があった。

これに対して川崎の造船所経営実績は8年間。事業実績では明らかに川崎が劣る。

さらに石川島造船所は蒸気船だけでなく海軍の砲艦を建造していた。政府の払い下げ審査は紛糾したが、結局川崎に神戸の造船所の払い下げを決めた。理由は「川崎が先に申請した」というものだった。

この時期の造船業界を概観すると、岩崎は、政府からの払い下げが川崎正蔵より5カ月早い上に、巨大クレーンも取得していた。これに対して川崎の造船業進出は岩崎より時期や設備面で遅れた。このため川崎は払い下げを受け、すぐに巨大クレーンの建設に着工した。

川崎造船所の巨大クレーン

大正元年に竣工した川崎造船所の巨大クレーンは長さ302・95メートル、幅44・46メートル、高さ51・15メートルで、巡洋戦艦「榛名《はるな》」をはじめ多くの軍艦などの建造に使われた。このクレーンは戦後も神戸港のシンボルとして勇姿を誇っていたが昭和37年に撤去された。

川崎正蔵の遺産相続と後継者

１８９６（明治29）年10月、川崎造船所はこれまでの個人経営から株式会社に組織変更した。

この1カ月前の9月18日、第２次松方内閣が組閣され、松方正義は再び総理大臣に就任した。川崎造船所の株式会社化は松方の助言によるものだったと推察する。

川崎正蔵には3人の子どもがいたが、長男と二男は若い時死亡し、三男の正治は後継者になることを拒否し、慶應義塾を出て文学の道に進んだ。川崎は自分の子どもを後継者にすることを諦めた。このため甥の芳太郎（正蔵の妹の子ども）を養嗣子とすることを決めた。

芳太郎は温厚で礼儀正しいものの、トップとしての統率力、経営判断力に欠けていた。ここに不幸の遠因があった。松方はこのような川崎家の事情を知っていたに違いない。

川崎造船所の初代社長には松方正義の三男・松方幸次郎が就任した。「川崎正蔵からの懇請を受けて幸次郎が社長に就任した」というのが通説であるが、全面的に信用できない。

１９１２（大正元）年12月2日、川崎正蔵は神戸の自宅で死去した。

遺産は養嗣子の川崎芳太郎が相続したが、その内容は有価証券が22種類で額面288万3775円、土地が50筆で評価額134万9993円、神戸川崎銀行への出資金が100万円で、合計約553万円の遺産が相続された（表5参照）。

表5　川崎正蔵の資産一覧

資産	金額
土地50筆	134万9993円
建物10筆	15万8500円
汽船2隻	14万5000円
株券公債22件	288万3775円
神戸川崎銀行出資金	100万0000円
合計	553万7268円

（三島康雄『経営史学第15巻1号』甲南大学）

相続と同時に資産管理会社として川崎事業部が設立された。川崎事業部は①船舶部、②川崎地所部、③薩南鉱山合資会社（鹿児島県内の鉱山開発会社か）、④福徳生命が所有する資産、などを管理した。川崎事業部はその後（大正9年）、川崎総本店に引き継がれる。

川崎正蔵の残した50筆の土地の中に、山陽新幹線新神戸駅周辺の広大な土地も含まれていた。しかしこの土地は昭和初期の川崎造船所の経営危機に際して、処分されなかった。それを示す資料が残っている。

昭和43年に発行された神戸市生田区の住宅地図には川崎汽船（川崎造船所のグループ会社）の布引寮が記載されている。（89頁参照）

川崎汽船の社長は松方幸次郎だった。幸次郎は31歳で社長に就

表6　川崎造船所の株式取得の推移

明治44年　株式所有比率％		大正10年　株式所有比率％	
川崎正蔵	21.48	松商会（松方系）	16.54
神戸川崎銀行	7.66	川崎総本店（川崎系）	7.06
島津忠重	6.38	島津忠重	3.33
川崎芳太郎	3.77	成瀬正行（松方系）	2.34
松方幸次郎	3.53	松方巌（松方系）	0.89

（川崎重工業社史338頁参照）

任した後、32年間社長ポストを譲らなかった。

1916（大正5）年、川崎芳太郎が脳溢血で倒れると（大正9年7月死去）、松方一族の企業支配が本格化する。川崎正蔵の死に続く相続人、川崎芳太郎の死を惜しみながらも、松方一族は川崎造船所の株式の取得を開始した（表6参照）。

この結果1921（大正10）年には、松方系の企業や松方一族の株式取得数が川崎家の取得数を上回った。松方一族は川崎造船

山陽新幹線・新神戸駅

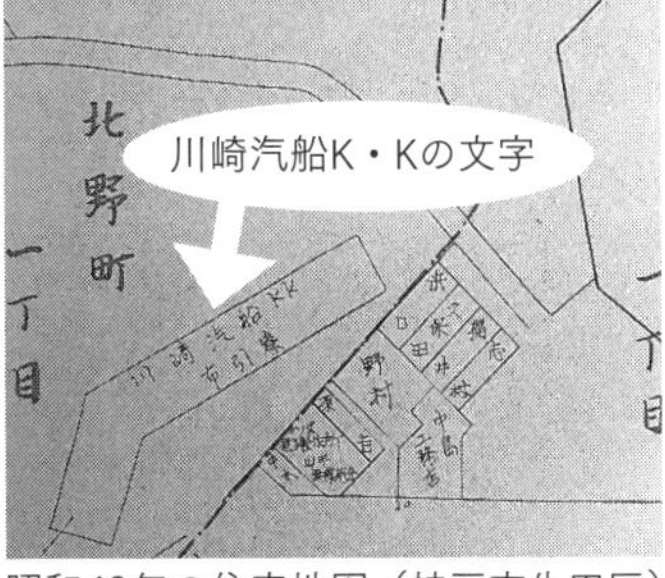

昭和43年の住宅地図（神戸市生田区）

所の経営だけでなく株式取得による企業支配を開始した。

第四章　松方正義と川崎正蔵の密接な関係

今も残る注目の手紙

松方正義が川崎正蔵に出した手紙が今も保存されている。

松方は明治政府の情報を川崎へ漏らしていた。この事実は、松方が川崎へ出した手紙で知ることができる。これらの手紙の中から19通を神戸学院大学経済学部の中部よし子教授が閲覧し解読した。解読された手紙は『神戸の歴史第16号』に掲載されているが、筆者が注目する手紙を抜粋し紹介する。

注目の手紙①

この手紙は差し出し年が不詳（明治16年から18年か）で末尾に「11月1日朝　正義　川崎様」と書かれている。この手紙で、松方正義は息子幸次郎の留学費用として、川崎正蔵へ借り入れを申し出ている。松方は16回にわたり川崎から借金しているが、返済資金として東京市麻布区竹谷町仙台坂（現・東京都港区）の土地2万7000坪を売却する旨を述べている。（『神戸と歴史・第16号』44頁参照）。しかしこの土地は1922（大正11）年まで売却されなかった。

その証拠を示す資料がある。

地図①は１９２２（大正11）年に作成された東京市麻布区（現・東京都港区）の住宅地図である。この中に「松方邸」という文字がはっきり記載されている。松方は借金返済用の土地を約40年間売却しなかった。

一方、地図②は１９５１（昭和26）年に作成された地図である。この地図では「松方邸」の文字が消えている。川崎造船所が経営破たんした時、この土地は売却されたものと思われる。だから「松方邸」の表記が消えた、と推察する。

松方幸次郎はここに美術館を建設する計画だった。共楽美術館と名付け、欧州で収集した美術品を展示する計画で、「共楽美術館建設用地」の棒杭が一時期、立っていた。その設計図も残されている。

１９５１（昭和26）年以降、松方一族はこの土地を政府に売却した。

東京市麻布区仙台坂の松方一族の敷地は現在、大韓民国の大使館になっている。政府は松方から購入したこの土地を大韓民

地図①

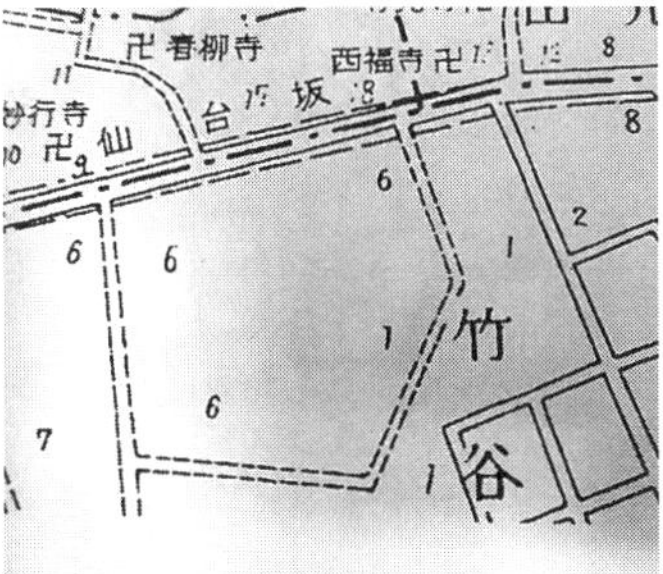

地図②江戸東京市街地地図より

現在の仙台坂周辺

国へ大使館敷地として提供した、と推察する。
ちなみに松方正義は１９０２（明治35）年までに、麻布区竹谷町仙台坂（２万７０００坪）、芝区三田綱坂（1万坪）、高輪南町（９２０坪）の少なくとも３カ所の土地を取得していた。このうち三田綱坂の土地は現在イタリア大使館になっている。

注目の手紙②

差出し年は不詳（明治18年から22年か）で、封書の裏に12月27日投函、東京三田松方正義、封書の表は兵庫県下布引（神戸市布引）川崎正蔵殿親展と書かれた手紙がある。

この手紙の一文に「三井方も近日中に」とあり、三井方とは三井財閥のことで三井の情報や動きを川崎に伝えていた。この時期、松方は大蔵大臣だった。

三井家はこの時期から明治政府に接近を始めた。

封書の宛名に書かれた兵庫県下布引（現・神戸市中央区布引）を、川崎は宅地として購入していた。現在、山陽新幹線新神戸駅があり、近くにある布引の滝は、市民の散歩コースになっている。

１８８４（明治17）年ごろ、川崎の本邸はここに建設され、明治22年ごろに完成した。敷地内には茶室、美術館、美術品倉庫などがあった。

１９４０（昭和15）年に発行された『兵庫史談・布引号』には川崎邸の概要が詳しく書かれている。

概要は序章で紹介した（13頁）が、再掲する。

「川崎邸はただその庭園が広大であっただけでなく、大正天皇が皇太子時代に行啓された。外国の賓客の来訪も絶えず、神戸港に入港する艦隊の園遊会などにも使われた。敷地は３万９２００坪、東南には紀伊半島や淡路島なども望むことができた。本邸は２６４坪、美術館は木造瓦葺の２階建てで59坪、長春閣は１２８坪でほかに倉庫、茶室（不老庵）などがあった。

正門を入って北側には６００坪余りの牡丹園があり、そこに１０００本の牡丹が植栽されていた。敷地内の古木は豊臣秀吉の聚楽第（京都市上京区）にあった、という伝説のほか、慶応３年のパリの万国博覧会に出品した美術品もあった。１８９７（明治30）年ごろから１９３０（昭和５）年まで毎年４月末から５月上旬まで約10日間にわたって内外の著名人を集めて観覧させていた。美術館は通常は閉館しており、数年ごとに開館した。最後に開館したのは、１９２４（大正13）年11月22～23日で川崎正蔵の13回忌に併せて開館した。絵画類、陶器、銅器、宝石類などが収蔵されており、秀逸な作品は『寒山拾得《かんざんじっとく》』の書画だった。この書画は足利義昭の秘蔵品であったが、織田信長に渡り、信長から本願寺の顕如《けんにょ》上人に贈られた。その後1885（明治18）年ごろ、川崎正蔵が取得したものだった」

注目の手紙③

この封書に書かれた差出人は松方巌（松方正義の長男）となっているが、封書の中の手紙の差出人は「狐山主人」となっている。松方正義は号（本名とは別の名前）を「海東」と「狐山主人」の二つ持っていた。

現物の手紙を調査した神戸学院大学の中部よし子教授は、文体や書体などから正義本人の手紙である、と分析している。

手紙の内容は神戸の生田川河口の埋立地に関して安田善次郎（安田財閥）が12万円で購入希望だが、川崎正蔵はいくらで購入するか、早く知らせてほしいというものである。土地の払い下げをめぐって安田財閥の購入価格を川崎へ提示している。

現在の法律では違法行為である。

このほか16通の手紙が『神戸の歴史』では紹介されている。

明治20年代を中心に出されたこれらの手紙は川崎正蔵と松方正義の親密さを示している。

「薩州財閥」はこの二人の財力と政治力が結びつき形成された。川崎は政商として政治に大きく関わり、松方は政治家でありながら企業経営に関与していった。

山本実彦の取材

1916（大正5）年11月9日、山本実彦（鹿児島県薩摩川内市出身のジャーナリスト）は川崎正蔵の7回忌を前に、松方正義を鎌倉の別荘に訪ね取材した。当時松方は82歳だった。

川崎と松方の出会いは、「山本が松方から直接聞いた話」が通説となっている。

山本が上梓した『川崎正蔵』に二人の出会いの経緯が紹介されている。（『川崎正蔵』125-130頁参照）

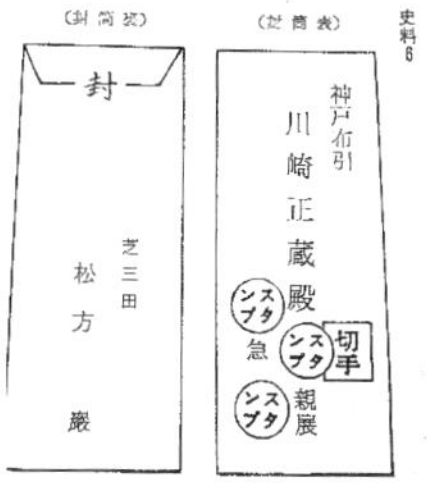

注目の手紙③

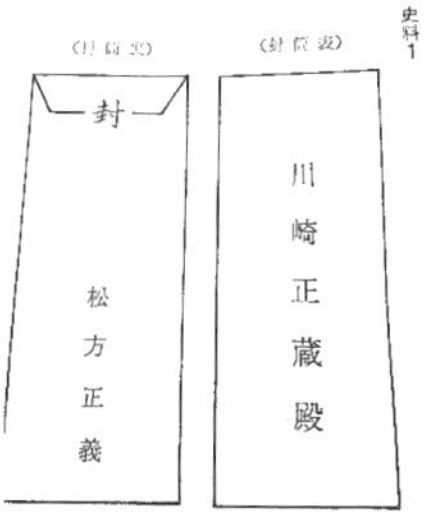

中部よし子教授が現物を模写
（『神戸の歴史』より）

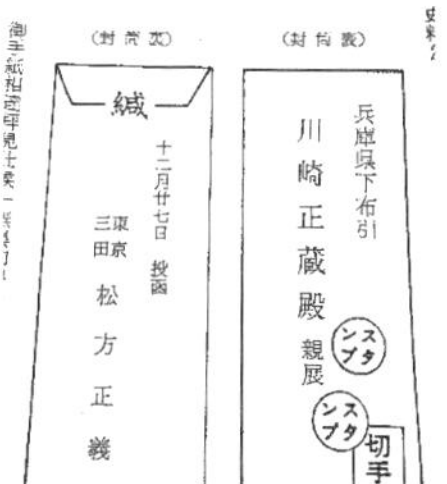

注目の手紙類

同書は川崎の7回忌に出席者へ配られた。同書から松方の証言を要約し紹介する。

「私（松方）が川崎と知り合ったのは明治維新の5～6年前と思う。川崎が反物を大阪に仕入れに行く船室で知り合った。川崎は築地造船所の創業資金を借り入れる時、神戸の布引《ぬのびき》の土地を抵当に3万円借り入れた」。

本書第3章で紹介したように、川崎は50万円の借り入れを申し込んだが、3万円しか認められなかったのが真実である。

大隈重信と松方は親密ではなかった。大蔵官僚の郷誠之助は、松方の信頼する部下で松方↓郷↓川崎のルートで松方の意思が伝達された。この関係は前述の著書『川崎正蔵』でも松方が証言している。

郷は後年、十五銀行（頭取・松方巌）が経営破たんした時、救済案の作成を求められ、「十五銀行の救済は川崎造船所（社長・松方幸次郎）の救済と同時並行で進めるべきだ」と主張したが、実現しなかった。

これに対して長州閥の政治家井上聲《かおる》は藤田伝三郎（藤田財閥）、三井家（三井財閥）、鴻池家（鴻池財閥）を公然と支援した。閣議決定をひっくり返すことも行なった。松方が川崎を支援したのは、薩摩閥であることに加え、ライバル井上馨が公然と藤田、三井、鴻池を支援したことに対抗したのだろう。

第五章　経営支配と無担保融資の実態

川崎造船所の株主変遷

川崎正蔵の個人経営時代の事業内容は、①造船所（東京、神戸）、②船具店（東京、函館）、③機械工場（東京、神戸）、④官糖取扱所（大阪）、⑤紡績工場（大阪・堺）など多岐にわたっていた。当時、川崎正蔵は汽船80隻、新設機械設備91組を所有し、気罐（ボイラー）134個を建造していた。（濱田信夫『明治期の産業発展と企業家活動』参照）

一人でこれらの事業を管理できない。

川崎は徐々に事業を撤退し、造船業に集中していった。そして、個人経営では資金調達に限界があったため明治29年株式会社への組織変更した。1959（昭和34）年に発行された川崎重工業の社史には明治後期から大正後期までの株主一覧が掲載されている。（『川崎重工業社史』別冊338頁参照）

川崎造船所の株主変遷は表7～9に示す通りである。

表7に示すように川崎正蔵系の株は川崎正蔵、神戸川崎銀行、川崎芳太郎、川崎貯蓄銀行で株数（持株比率）を合算すると34・72％に達する。

この株数は株主総会で川崎造船所の重要事項を決める特別決議（3分の2以上の賛成）を川崎一族は阻止できる。換言すると川崎一族の賛同を得ないと経営の重要事項は決められない。

ところが表8に示す持株比率では川崎一族の比率が低下している。

川崎正蔵は1911（明治44）年時点では21・48％取得していたが、川崎正蔵の財産を相

表7　明治44年の主な株主

株主名	持株比率
川崎正蔵	21.48%
神戸川崎銀行	7.66%
公爵島津忠重	6.38%
川崎芳太郎	3.77%
松方幸次郎	3.53%
川崎貯蓄銀行	1.81%

表8　大正5年（川崎正蔵死去後）の主な株主

株主名	持株比率
川崎芳太郎	13.27%
公爵島津忠重	5.0%
松方幸次郎	3.28%
広瀬満正	1.79%
川崎貯蓄銀行	1.38%

表9　大正10年（川崎芳太郎死去後）の主な株主

株主名	持株比率
松商会	16.54%
川崎総本店	7.06%
公爵島津忠重	3.33%
成瀬正行	2.34%
松方巌	0.89%

続した川崎芳太郎の持株比率は1911（明治44）年の持株比率3・77％（表7）から9・5％（川崎芳太郎の持株比率13・27％）しか増加していない。本来ならば川崎正蔵の持株比率の21・48％が川崎芳太郎に相続されるはずである。

川崎正蔵の株はどこに消えたのだろうか。

川崎正蔵の株は松方一族が水面下で取得し、ダミー名義で株主名を登録した可能性がある。そしてこれを隠すために、松方幸次郎自身も3・53％から3・28％にわずかながら持株比率を減らした、と推察する。

社長の松方自身が持株比率を減らす、という不思議な現象が起きた。

しかも1916（大正5）年時点（表8）での筆頭株主は、川崎芳太郎で13・27％を所有していたが、川崎芳太郎は副社長のままで社長ポストに就けなかった。

松方社長は持株比率が3・28％であったにもかかわらず社長を続けられたのは父・松方正義の存在があったからに他ならない。川崎正蔵はすでに死去し、川崎一族の発言力や影響力は低下していた。

1921（大正10）年11月時点で株主一覧を見ると、松方は個人名義で株を所有していない。

しかし筆頭株主として松商会が登場する。（表９参照）この会社は松方社長が代表社員となり、大正９年に資本金５００万円で設立された。松方社長が所有していた３・28％の株は松商会が吸収したのだろう。そして新たに松方社長の兄・松方巌が株主として登場する。松方巌は十五銀行の頭取だった。

増資の歴史を振り返ると、１８９６（明治29）年の株式会社創設時の資本金は２００万円。その後増資を続け１９１６（大正５）年２月25日、２０００万円の資本金になった。さらに１９１９（大正８）年３月３日、資本金を４５００万円に増資した。

松方一族の所有株は、これらの増資に連動し増加している。そしてこの増資には「松方一族の秘策」が込められていた、と推察する。

増資に伴う払込金は川崎造船所の積立金を取り崩して実行されている。

松方一族は増資の払い込みをせずに所有株を増やすことが出来た。所有株を増やせば、何もせずに利益が転がり込む、という秘策である。

川崎造船所は経営危機に陥った１９２７（昭和２）年５月時点で、十五銀行からの借入金が２４２１万円にのぼっていた。当時の米価は一升３５銭の時代で、巨額な借入金だったことが分かる。（松方幸次郎の借入金額は『日本金融史資料・昭和編』４９１頁参照）

にもかかわらず株主へは高配当を続けていたことからも「松方一族の秘策」がうかがえる。

経営支配と海外出張

川崎造船所の営業報告書を閲覧すると、1896（明治29）年から1924（大正13）年までの松方一族の株式所有状況がわかる。

1896（明治29）年、川崎造船所が株式会社に組織変更した時、松方一族の持株比率は2・5％に過ぎなかった。松方一族は次第に持株比率を増やし大正8年に14・4％になり、この時期の川崎系の所有株比率14・9％とほぼ並んだ。

1920（大正9）年、川崎正蔵の養嗣子・川崎芳太郎が死去した。

1921（大正10）年、松方一族の持株比率は17・9％になり筆頭株主になった。この結果、川崎一族は株の所有比率で、完全に押さえ込まれた。松方社長にとって、創業者の川崎正蔵、養嗣子で後継者の川崎芳太郎がいなくなり、自由自在に会社をコントロールできる環境になった。松方一族は、川崎芳太郎の死去を契機に、川崎造船所を手中に収めた。

川崎造船所の取締役会や株主総会で経営上の問題が指摘されなくなった。仮に指摘すると取締役を解任される。また、株主総会で議案を提案されても、松方幸次郎社長は否決できる持株比率になっていた。

経営の意思は松方社長の独断で決定できたが、本人は海外主張を続け、本社にいることが少なく稟議書などの決済案件が滞った。

松方幸次郎社長の欧米出張は１９０２（明治35）年７月23日から本格的に始まる（表11参照）。

この出張で帰国したのは翌年１９０３（明治36）年の１月22日で、約６カ月間川崎造船所は社長不在だった。その後、１９０４（明治37）年６月１日から70日間米国へ出張、１９０５（明治38）年10月29日から約３カ月間タイへ出張、１９０５（明治38）

表10　松方一族の株式所有状況（単位は千株）

年	松方幸次郎	松方巌	松商会	その他松方一族	持株比率％
明治29年	1,000	0	0	0	2.5
明治45年	7,063	2,000	0	300	4.6
大正8年	126,252	4,000	0	300	14.4
大正10年	200	8,000	148,767	4,500	17.9
大正13年	200	16,000	297,734	10,000	18.0

年11月21日に神戸川崎銀行が開業した時、松方社長は日本にいなかった。

さらに1907（明治40）年6月8日から約5カ月間、欧米へ出張。1910（明治43）年5月から約2カ月間、清国（中国）へ出張。1911（明治44）年3月26日から約6カ月間、欧米へ出張。帰国直後の同年9月から約2カ月間清国（中国）へ出張。1916（大正5）年3月25日から1918（大正7）年11月25日までの約2年8カ月間、欧米へ出張。1921（大正10）年4月14日から1922（大正11）年2月10日までの約10カ月間、欧米へ出張した。川崎造船所は社長不在の日々が続いた。（『川崎重工業社史・別冊』参照）

川崎造船所の社長不在は珍しい事ではなく、むしろ日本に出社していることが珍し

表11　松方幸次郎社長の海外出張記録簿

出発日	帰国日	期間	行先	備考
①　明34.7.1	不明	不明	清国	
②　明34.10.30	不明	不明	上海香港他	
③　明35.7.23	明36.1.22	約6カ月	欧米	日英同盟
④　明37.6.1	不明	70日？	米国	日露戦争
⑤　明38.10.29	明39.1.14	約3カ月	シャム国	
⑥　明40.6.8	明40.11.14	約5カ月	欧米	
⑦　明43.5	明43.7.8	約2カ月	清国	日韓併合
⑧　明44.4.26	明44.9	約4カ月	欧米	
⑨　明44.9	明44.11	約2カ月	清国	辛亥革命
⑩　大5.3.25	大7.11.25	約2年8カ月	欧米	第一次世界大戦
⑪　大10.4.14	大11.2.10	10カ月	欧米	労働争議発生
⑫　大15.4.24	昭2.4.20	約1年	欧州	十五銀行休業

十五銀行の経営陣・前列左から5番目が
松方正義でその右隣が松方巌

かった。後述する松方コレクションの絵画類はこれらの出張中に収集された、と推察する。

1919(大正8)年9月、川崎造船所で従業員1万6000人が参加した労働争議が発生し、日本で最初のストライキが行われた。

資金繰りが厳しく経営危機に直面し、労働争議が発生しても社長不在の会社だった。

1927(昭和2)年4月、十五銀行が倒産すると、十五銀行からの資金供給が途絶え、川崎造船所も倒産した。国策企業の川崎造船所の倒産と、その再建をめぐって政府までも迷走した。

この時期、欧州では第一次世界大戦が勃発し、日本は中国の山東省へ出兵し、青島を占領していた。倒産した川崎造船所は政府にとって軍艦や軍需品などを生産する軍需企業として必要な会社だった。日本の国策は軍備拡張政策だった。

異常な無担保融資

1903（明治36）年11月21日、川崎正蔵は神戸川崎銀行を創業した。明治中期から川崎は琉球～大阪間の航路管理権を政府から取得し、多額の利益を生み出していた。

資本金100万円で開業した神戸川崎銀行の頭取には養嗣子の川崎芳太郎を就任させた。この資本金は第十五銀行から川崎へ融資された。銀行（十五銀行）から融資を受け、その資金で新たに銀行（神戸川崎銀行）を創業させるという奇妙なお金の流れである。この奇策は松方一族が考案した、と推察する。

神戸川崎銀行は、川崎造船所の主力銀行として開業したが1920（大正9）年8月2日、十五銀行に吸収合併された。この経緯を詳しく検証した書籍や論文はないが、この合併にも「秘策」が込められていた、と筆者は推察する。この吸収合併で神戸川崎銀行の「厳しい財務内容」が表面上は露呈されなくなった。「厳しい財務内容」とは川崎造船所に対する無担保による不良債権の存在である。

一方、吸収合併は十五銀行の財務を急速に悪化させ十五銀行の経営破たんの遠因にもなった。

１９２７（昭和２）年４月、第十五銀行は経営破たんし事実上倒産、休業に追い込まれた。原因は薩州財閥の中核企業といわれていた川崎造船所や松方一族に対する無担保の融資が重なり、資金繰りが悪化したことによる。しかし遠因は神戸川崎銀行との吸収合併による。十五銀行の貸付金の２億９６００万円のうち信用貸し（無担保融資）が１億６４００万円（昭和元年末）もあり、返済された形跡がない。「薩州財閥」が十五銀行の経営悪化を招き、倒産へ追い込んだ。

日本銀行調査部は「当事者が貸し出しに際して不用意であった」と厳しく断罪しているが、実態は想像を絶するぐらい無責任体質だった。（『日本金融史資料第24巻』４８１頁）

松方一族は49の関連企業の社長や取締役に就任していた。

これらの企業群は、日露戦争を経て大正時代前半までは「薩州財閥」として経済界から注目されたが、大正時代末期になり、泥沼に入り込むように経営が行き詰まった。その実態は財務内容を精査しない「名ばかり社長」や「名ばかり取締役」だった。

１９２７（昭和２）年５月時点で、十五銀行の松方一族に対する貸出残高（川崎系企業を除く）は１億４１７６万７０００円に達していた（図表12参照）。このうち松方正義の子ども７人への貸出残高は７２４万４０００円だった。これらの金は何に使われたのだろうか。

松方社長が海外出張中に収集した西洋の絵画類（松方コレクション）なども第十五銀行から

の無担保融資の金が使われた、と推察する。

これを裏付ける証言として美術評論家の福島繁太郎氏は次のように証言している。

「川崎造船所の社長という一個人が借財までして、果ては私財のすべてを注ぎ込み、不朽の芸術品を収集したことは、深く感謝しなければならない」（傍線は筆者）

傍線で示した借財とは、十五銀行からの無担保融資の資金によるもので、十五銀行にとって不良債権に化していた。

松方社長が購入した大量の絵画

表 12　松方一族への貸出残高（昭和 2 年 5 月末）

氏名	個人貸出	関係会社への貸出	合計
松方巌（長男）	14 万		14 万
松方幸次郎（三男）	242 万	6502 万	6744 万
松方正雄（四男）	88 万		88 万
松方五郎（五男）	54 万	5842 万	5896 万
松方乙彦（八男）	210 万		210 万
松方正熊（九男）	95 万	1107 万	1023 万
松方義輔（十男）	18 万		18 万
合計	724 万	1 億 3452 万	1 億 4176 万

（日本銀行の調査報告書より作成・日本金融史資料
昭和編第 24 巻 493 頁参照）

類について浮世絵研究家の矢田三千男氏も、次のように証言している。

「私は川崎造船所の地下にある浮世絵の整理をしたが、その数は7996枚もあり、魅せられてしまった」（傍線は筆者）

1922（大正11）年、川崎造船所の株主総会で松方社長所有の浮世絵について、質疑が交わされた。

株主から浮世絵の保存は会社の業務の一環か、という質問に対して松方社長は次のように苦しい答弁をした。

「誠に申し上げにくいのですが、

表13　松方一族が関与した主な企業

	社長・頭取・代表社員	取締役・監査役
松方巌	十五銀行	横浜正金銀行、国際信託、帝国倉庫運輸
松方幸次郎	川崎造船所、川崎汽船、国際汽船、神戸瓦斯、旭石油、九州電軌、九州土地、松商会、ベルベット石鹸、日本ゴム蹄鉄	日本毛織、北樺太石油、神戸煉染工業、日本無線
松方正雄	浪速銀行、福徳生命、大福海上火災保険	国際汽船、国際信託、加島信託、豊川鉄道、川崎造船、大阪瓦斯
松方五郎	常盤商会、東京瓦斯電気工業、東海生命保険、	東洋精糖、東洋海上火災保険、宇治川電気、日本エアーブレーキ
松方乙彦		東洋精糖、於兎商会
松方正熊	帝国製糖、北海道製糖、北海道殖産	東京瓦斯電気工業、大村湾真珠、大成漁業、太平洋炭鉱、朝鮮紡績
松方義輔		十五銀行金沢支店長、国際信託、大福海上火災、三光紡績、福徳生命

（日本銀行の調査報告書より作成）

一時会社の空いた場所を貸していただきたい。私の家は防火設備もないので、重役の方にお願いして、地下室に置いて貰っているのです」（『川崎重工業社史』９７４頁）

この証言は松方社長の美術品収集は「個人としての活動」で、会社とは一切関係のないことを示唆している。「個人としての活動」であれば、絵画購入資金は「個人としての資金」でなければならない。松方社長が集めた絵画類のうち浮世絵は現在、東京国立博物館などに保管されている。一方、洋画類は国立西洋美術館に保管されている。

密接で危険な関係

十五銀行と松方一族は極めて密接で「危険な関係」にあった。しかし、誰もこの密接で「危険な関係」に警告を出さなかった。

十五銀行が松方一族へ貸し出した金額の一覧は１１２頁で示す通りである。

十五銀行はなぜ松方一族へこのような無担保の個人貸出を実行したのだろうか。

松方一族に対する総額７２４万円の個人貸出額は、現在の価格に換算すると約46億円になる。同様に松方一族の関係会社への貸出額1億３４５２万３０００円は現在の価格で約８５

4億円になる（企業物価戦前基準指数で算出）。この背景には松方正義の存在が間違いなくあったと推察する。

松方正義は1891（明治24）年5月6日、内閣総理大臣に就任して以来、1922（大正11）年9月18日、内大臣を退任するまで政財界で強大な影響力を保持していた。松方は子どもたちを関係会社の社長や取締役に就任させただけでなく、十五銀行からの無担保融資の実行も示唆していたのではないだろうか。

1917（大正6）年1月、神戸川崎銀行が増資する際、増資金額500万円のうち250万円を十五銀行が出資した。神戸川崎銀行の創業者川崎正蔵と十五銀行の頭取松方巌の父・松方正義は旧知の関係だった。

1920（大正9）年5月、十五銀行系の国際信託株式会社が資本金5000万円で設立された。

専務には松方幸輔（松方幸次郎の長男）が就任した。この会社も「薩州財閥」の構成企業になった。109頁の写真は『三井銀行80年史』に掲載されているもので、松方正義と松方巌が並んで前列中央に座っている。松方一族はこの時期、絶頂期だったのだろう。

松方正義の経歴と松方巌の職歴を時系列に整理すると次のようになる。

表14　松方正義の経歴と松方巌の職歴

	松方正義	松方巌（長男）
明治24年5月6日～明治25年8月8日	第1次内閣総理大臣	
明治29年9月18日～明治31年1月12日	第2次内閣総理大臣（大蔵大臣兼務）	
明治29年	川崎造船所が株式会社に組織再編	
明治31年7月11日		十五銀行取締役就任
明治31年11月8日～明治33年10月19日	大蔵大臣	
明治34年11月		十五銀行副頭取就任
大正6年5月2日～大正11年9月18日	内大臣	
大正4年		十五銀行頭取就任
大正9年	波速銀行、神戸川崎銀行、十五銀行が合併	
昭和2年		十五銀行取締役辞任

このほか十五銀行は大口貸出先として島津家財務部へも貸し出し、昭和2年5月31日時点で、貸出額（融資額）は272万8000円に達していた。財務調査をした日本銀行調査部は「十五銀行の休業により、島津家の金融は困難となる」としている。

薩州財閥への資金供給銀行

1920（大正9）年8月、十五銀行は波速銀行、神戸川崎銀行と合併することが内定した。

同年12月20日に開かれた十五銀行の臨時株主総会で松方巌頭取が合併議案を説明。この中で松方頭取は「支店網と資金量の増大を図るには、合併が賢明な近道である」と述べ、合併の意義を強調した。しかし波速銀行と神戸川崎銀行の財務内容は極めて厳しく、大きな問題を抱えていた。

十五銀行は合併により、波速銀行と神戸川崎銀行の厳しい財務を抱え込まされた。比較的に堅実な経営を続けていた十五銀行が、なぜ経営破たん寸前の波速銀行や神戸川崎銀行と合併したのだろうか。

その理由は、これらの銀行が「薩州財閥」への資金供給銀行だったといえる。

当時、十五銀行頭取は松方巌（松方正義の長男）、波速銀行頭取は松方正雄（松方正義の四男）、神戸川崎銀行頭取は川崎芳太郎、そして松方正義は総理大臣を退任したが、内大臣でもあった。

加えて松方正義は十五銀行の取締役でもあった。この構図は盤石の支配体制である。担保なしの資金が薩州系企業に湯水のごとく流れており、誰もこの流れを止めることは出来なかった。

松方頭取が合併時に述べた「資金量の増大」は実現できたが、その一方で「資金の支払い準備率」が急激に減少した。（表15 16参照）

原因は波速銀行と神戸川崎銀行が抱えていた

表15　三行の預金支払い準備率（大正9年6月末）

	十五銀行	波速銀行	神戸川崎銀行
預金の過不足	1636万円	750万円	▲364万円
預金支払い準備率	56%	29%	14%

表16　十五銀行の支払い準備率の推移

	支払い準備率
大正7年	66.7%
大正8年	62.7%
大正9年（合併時）	31.3%
大正14年	29.7%

（表はすべて『日本金融史資料・昭和編第24巻481頁』より作成）

表 17　十五銀行（大正９年６月末）の負債と資産

負債		資産	
資本金	4000 万円	未払い資本金	650 万円
諸積立金	775 万円	諸貸出金	7600 万円
諸預り金	9237 万円	有価証券	3495 万円
当期純益金	257 万円	現金	855 万円
その他	342 万円	その他	559 万円
合計	1 億 4611 万円	合計	1 億 4611 万円

表 18　波速銀行（大正９年６月末）の負債と資産

負債		資産	
資本金	5000 万円	未払い資本金	2625 万円
諸積立金	432 万円	諸貸出金	1 億 7772 万円
諸預り金	1 億 8523 万円	有価証券	3207 万円
当期純益金	215 万円	現金	2072 万円
合計	2 億 9138 万円	合計	2 億 9138 万円

表 19　神戸川崎銀行（大正９年６月末）の負債と資産

負債		資産	
資本金	500 万円	未払い資本金	0 円
諸積立金	104 万円	諸貸出金	3925 万円
諸預り金	3561 万円	有価証券	141 万円
当期純益金	67 万円	現金	177 万円
合計	4748 万円	合計	4748 万円

（表はすべて『日本金融史資料・昭和編第 24 巻４８１頁』より作成）

多額の不良債権で、その相手先が川崎造船所など多くの薩州系企業だった。十五銀行の頭取松方巖は、川崎造船所へも取締役として経営に参加していた。川崎造船所の社長は弟の松方幸次郎だった。

このような構図で川崎造船所を中心とする「危険な企業群」が出来上がった。三行の合併直前の負債と資産は表17～19に示す通りである。

十五銀行が健全性を失い、経営破たんする過程は、川崎造船所と密接に結びついて行く過程でもあり、極めて「密接で危険な関係」が始まった。当時の専門家からは「変態的経営」とまで言及された。不幸にも十五銀行は合併から数年後に経営破たんした。

川崎造船所に対する貸付残高は４４００万円にのぼっていた。これは兄の松方巖（十五銀行頭取）から弟の松方幸次郎（川崎造船所社長）への貸付残高でもある。

十五銀行の経営破たんは川崎造船所への無担保融資がその大きな原因で、松方一族の放漫な経営感覚が双方の企業の経営破たんを引き起こした、といえる。

三行の合併は十五銀行にとって健全な経営が失われる出発点でもあった。表16に示すように合併により十五銀行の支払い準備率が半減している。

そもそも神戸川崎銀行は、川崎家の個人経営だったが、大正6年（合併の3年前）に十五銀行と川崎家が資本金５００万円を出資し、経営形態を変更した。合併は波速銀行や神戸川崎銀行サイドから仕組まれた疑いがある。

日本銀行の調査報告書では神戸川崎銀行について次のように厳しく断罪している。

「組織変更後の財務内容は貸出金総額が預金総額を超過し、さらに資本金の５００万円を加えても98万円の貸出超過になり、変態的経営を続けていた（傍線は筆者）」（『日本金融資料昭和編第24巻』４８４頁参照）

当時川崎造船所には１万人を超える従業員がいた。この時期、川崎造船所では戦前で最大の労働争議が発生し死者まで出す事態になった。

第六章　迷走した川崎造船所の救済

1929（昭和4）年7月、日本銀行調査部は十五銀行の経営破たんの実態をまとめ公表した。十五銀行の経営破たんから2年後である。

日本銀行は松方正義が創設した中央銀行だが、子どもたちの経営していた会社の経営破たんの原因を、父親が創設した日本銀行がまとめるという皮肉な事態になった。

この時期、松方家にとっては失意の日々の連続だっただろう。

日本銀行は、十五銀行の経営破たんの原因を松方一族に対する貸し出しであるとして、松方系企業の、①川崎造船所、②国際汽船、③川崎汽船、④合資会社松商会などの設立から経営破たんまでの経緯を貸借対照表をもとに分析した。

本章では日本銀行がまとめた松方一族の企業の経営状況を概観するとともに、当時の政府の動きを交えながら、川崎造船所の経営破たんの原因と紆余曲折した救済案が決まるまでの過程を検証する。

出資比率と川崎造船所の経営支配

前述したように川崎造船所はもともと明治新政府が所有していた官営造船所（兵庫造船所）であったが、1886（明治19）年川崎正蔵が譲り受け、1887（明治20）年、川崎造船所という名前に改称した。

１８９６（明治29）年、これまでの個人経営から資本金２００万円の株式会社に組織を改め、川崎正蔵は経営の第一線から退き顧問に就いた。川崎正蔵の後継は松方正義の三男・松方幸次郎（当時31歳）が社長として就任し、養嗣子の川崎芳太郎が副社長に就いた。この人事を契機に川崎造船所の実権は松方幸次郎に移っていく。

１９００（明治33）年、資本金は４００万円に、続いて明治39年、１０００万円に増資し、造船事業のほかに鉄鋼、車両、橋梁の製造を開始した。

川崎造船所は日露戦争で政府から軍艦や軍需品の発注を受け、著しく業績を伸ばした。

１９０６（明治39）年、資本金１０００万円に増資した時の株主名簿が残されている。これを見ると増資に際して川崎正蔵が多額の出資を行なったことが分かる。川崎正蔵の21・48％と川崎芳太郎の３・77％、神戸川崎銀行の７・66％を合わせると32・91％になり、株主総会で特別決議（重要事項の決議）を阻止できる寸前の株数になった。（表20参照）

１９０８（明治41）年から同42年にかけて不況になり従業員の解雇を行なった。しかし政府から機関車や軍艦の注文を受け、辛うじて苦境を乗り切った。

１９１４（大正３）年、第一次世界大戦が始まると日本は中国山東省の青島《チンタオ》に出兵した。政府は兵隊を船で輸送しなければならず、川崎造船所に新船の建造や修理を注文した。

表 20　川崎造船所の増資時の株主（明治 39 年 ）

株主名	所有株比率
川崎正蔵	21.48%
神戸川崎銀行	7.66%
公爵島津忠重	6.38%
川崎芳太郎	3.77%
松方幸次郎	3.53%
その他	57.18%
合計	１００%

表 21　川崎造船所の利益率の推移

	大正４年	大正５年	大正６年	大正７年	大正８年	大正９年
資本金	１０００万円	２０００万円	２０００万円	２０００万	４５００万	４５００万
利　益	１８２万円	４３４万 円	３３２７万円	３６３７万	３２４９万	２２９６万
利益率	18. 5％	33. 5％	１９４％	１９８％	１２９％	70%

1915（大正4）年の川崎造船所の利益が182万1000円（利益率18・5％）だったのに対して、1917（大正6）年は3327万2000円（194％）に上昇した。

日本銀行は報告書で次のように述べている。

「1915（大正4）年から1920（大正9）年までの利益は合計1億3026万円だった。このうち9000万円を社内留保したのは一見、不況期に備えた準備金と思われる。しかし、この金を負債の返還にあて、資産勘定の償却を行ない財務の充実を図っていれば、経営が行き詰まることはなかった」（『日本金融史資料・昭和編』昭和40年）

1922（大正11）年のワシントン軍縮会議により海軍の戦艦建造計画が中止になり経営が厳しくなった。1924（大正13）年になると松方正義が死去した。

1927（昭和2）年に経営破たんした時、川崎造船所が十五銀行から借り入れていた資金は約4400万円に達していた。

十五銀行と川崎造船所は、両足がともに泥沼に入り込んでしまい、片足（十五銀行）を引き上げると、もう片足（川崎造船所）が泥沼にさらに入り込むという状態だった。

迷走した救済案

大正後期の軍艦製造は川崎造船所がシェア27％で、呉や横須賀の海軍工廠（国営）、三菱造船所（民営）とほぼ同様のシェア（約30％前後）を占めていた。

1927（昭和2）年5月10日、朝日新聞は、川崎造船所の経営問題を「海軍側救済に腐心」という見出しで報道した。

記事によると、「松方社長は大蔵、海軍、鉄道、逓信の関係各省にすがって、了解を得ることに努めている。しかし川崎造船所が今日の窮状に至った内情がかなり複雑であり、事態が非常に重大であるので、いずれも意見の開陳を差し控えている（傍線は筆者）」と報道している。

海軍側が積極的な支援を差し控えていたことが分かる。

傍線の「窮状に至った内情が複雑……」の意味は、松方一族の変態的な企業支配を暗に批判している。

同年7月24日、川崎造船所は松方一族の放漫な経営実態が表面

川崎造船所の危機に
海軍側救済に腐心
目下のところ資金融通の途なく
軍艦建造中止の際は大

朝日新聞（昭和2年5月10日）

化し、約8000人の従業員のうち約3000人が解雇された。従業員に対する退職金は即座に支払われず、数年後に分割して支払われた。軍艦などを製造していた川崎造船所の経営破たんは、国防上問題であるばかりでなく、多数の失業者を出し社会問題に発展した。

紆余曲折した救済案と国策の推進

川崎造船所の操業停止は、国防に与える影響が大きいとして、政府は大蔵省預金部から3000万円を融資し、①債務の弁済、②運転資金と葺合《ふきあい》工場の拡張資金に充てることを閣議了解で決め、川崎造船所側といったん合意した。

しかしこの合意案に異論が噴出した。その先陣を切ったのが日本興業銀行だった。日本興業銀行は1918（大正7）年から海事金融を始めていた。大蔵省預金部の資金融資は日本興業銀行から貸し出されるもので、同行は川崎造船所の経営方針に疑念を抱いており、融資額と同額の3000万円の損失補償を政府に求めた。

このため救済案（合意案）は立ち往生し、違憲論を主張する者も現れ、迷走を始めた。公的資金を一民間企業に注入すべきでない、という主張が違憲論の根拠であった。

余談だが、2012（平成24）年9月の日本航空の経営危機に際しても、公的資金の民間企業注入について議論が分かれたが、結局注入された。

1927（昭和2）年7月政府は「救済を打ち切る」と表明し、川崎造船所は自力で整理せざるを得なくなった。そして、多数の債権者との交渉が始まった。

1927（昭和2）年8月17日の債権者会議で債権者側の整理案がまとまった。朝日新聞は同月19日の朝刊でその骨子を報道した。整理案の主な骨子は、川崎造船所は債務を10年間で償還することなどだった。

十五銀行の整理と川崎造船所の再建案

国策企業の川崎造船所と有力銀行の十五銀行の同時倒産は、国政の大きな課題として急浮上した。そして問題は複雑化した。

1927（昭和2）年12月、大蔵省の官僚、郷誠之助は十五銀行の整理案を作成し、政府の承認を得た。

整理案は日本銀行から8000万円の特別融資を受け十五

川崎造船救済
債權者側の整理案成る
依然として前途に難關
【大阪電話】
逐年衰へ
歐洲の
昨夜

朝日新聞（昭和2年8月19日

銀行を再生させるもので、その後資本金を5分の1に減資することや債券の7割カットなどが骨子だった。

この結果、十五銀行が川崎造船所へ融資していた債権も7割カットされ、川崎造船所にとっても債務が軽減される内容だった。

1927（昭和2）年12月、日本興業銀行、三井銀行、三菱銀行など9行は融資銀行として総額2350万円の融資を決めた。川崎造船所は再建へ向け、一歩前へ進むはずだった。しかし今度は、川崎造船所の松方社長が融資条件に難色を示し合意に至らず越年した。

1928（昭和3）年になり、社長の後任問題で紛糾した。後任の社長は関西財界の重鎮で神戸商工会議所の鹿島房次郎に決まったが、紛糾した原因は後任社長の人選をめぐって松方社長の自己主張が前面に出たことによるものだった。

結局、川崎造船所が債権者や銀行団と再建案について合意したのは、十五銀行の経営破たんから約1年半後の1928（昭和3）年7月10日だった。

その内容は川崎造船所にとって極めて厳しいものだった。銀行からの借入金は1099万円で、政府が先に提示した3000万円の3分の1だったうえに、銀行団が示した2350万円の融資額より低額だった。役員も債権者側の了解がなければ選任できず、松方社長の更迭が前提条件だった。この結果、川崎造船所は銀行管理になり、松方社長は経営から完全に排除された。松方一族の信用は地に落ちた結末になった。

この時期、国政は満州事変、五・一五事件、二・二六事件などが相次いで起き、大きく揺れていた。

十五銀行の経営破たんから5年経過した昭和7年発行の書籍『横から見た華族物語』は次のような記述で島津家や松方一族を皮肉っている。

「十五銀行の騒ぎでは、旧大小華族のほとんどが大なり小なり手傷を負うたが、中でも最もひどくやられたのは島津公爵家であった。

当時島津家では十五銀行へ150万円の預金があった。そのうえ2万近い新株を持ち、その払い込みがざっと145万円（日銀報告書では234万5250円）、もし島津家がこの新株を払い込まないようだったら、十五銀行の整理案が成り立たぬ、というのっぴきならぬ辛い立場に置かれた。

何と言っても九州の島津だ、動産不動産合わせて8000万円は下るまいと言われている金持ち華族だから、それぐらいの金は右から左へ出すだろうと思われたが、有るようで無いのは金、無いようで有るのは借金というやつ、こればかりはどうにもならぬ。

そこで袖ヶ崎のあの屋敷、明治大帝（明治天皇）がしばしば行幸あらせられたという由緒ある3万坪の屋敷のうち6千坪だけを残し、後を全部売りに出し、そこから浮かんだ（捻出した）２４０万円の金で銀行の方のカタをつけたものだ。いくら島津が財産家でもこれはこたえたに違いない。

そこで松方公爵にすれば旧臣として主家にそれほどの大穴を開けたからには何とかして申し訳をせねばならぬ道理、昔ならさしずめ切腹ものだが、今ではそんな古手は流行らない。それで身につくもの一切を投げ出してこれで御勘弁と出たという」（『横から見た華族物語』5頁参照）

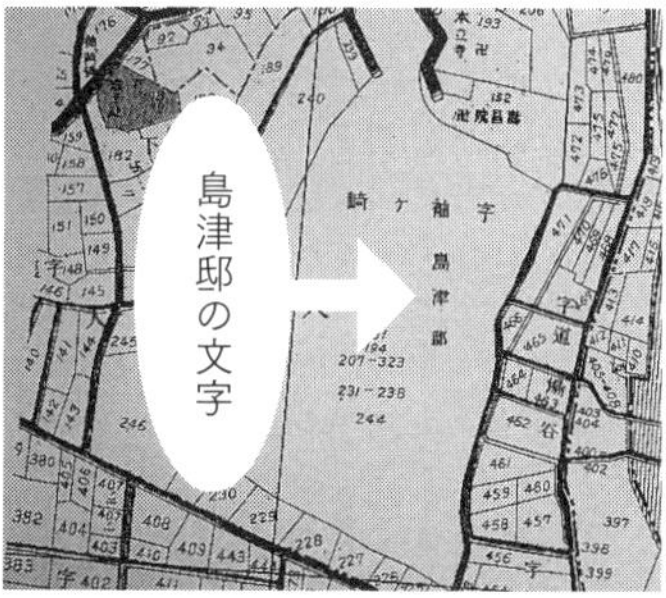

島津邸の敷地（大正8年住宅地図）

清泉女子大学

国会図書館には１９１９（大正８）年当時の袖が崎の住宅地図が保存されている。

東京の荏原郡品川町（当時の東京の住居表示）の地図には「字袖ヶ崎　島津邸」と表示され、島津邸が広大な敷地だったことが分かる。

島津邸の敷地跡の一部には現在、清泉女子大学のキャンパスがあるが、この地域一帯は島津山と呼ばれている。島津邸の敷地は島津山の麓から続く広大な敷地だった。『横から見た華族物語』では当時の島津家の敷地や財政についても次のように記述している。

「島津家屋敷は表門から玄関までの距離が4丁（約430m）あり、表門は芝の白金猿町（当時の町名）にあり本館の位置は大崎町だった。このほか別荘が15カ所、使用人が200余名で1年間の経費が70万円かかっていたという。また十五銀行が経営破たんした時は約300万円の損失を受けたうえに、川崎造船所への投資も100万円あった」（同書41頁参照）

松方社長の退任挨拶

松方幸次郎が欧州から帰国したのは1927（昭和2）年4月20日。十五銀行が経営破たんする前日だった。松方社長は直ちに上京し大蔵大臣や海軍省、日本銀行を訪問して救済を求めた。政府へ低利の資金として3000万円の特別融通（特別融資）を求めたが、断られた。

同年7月5日、政府は川崎造船所の救済を打ち切る旨の声明を発表した。このため川崎造船所は自力で整理せざるを得なくなった。債権者会議は断続的に5回にわたって開かれ、銀行団も同意した整理案が作成された。

川崎造船所は当面の必要資金（再建資金）１０９９万９８００円の融資を得て、兵庫工場を分離独立させ、新たに「川崎車輌株式会社」を創設した。

松方社長は従業員を整理。第一次整理として同年7月、３３００人（後述の松方社長の退任挨拶では３０３７人）の職工を解雇、同年8月5日、３００人の付属員（臨時工）を解雇、8月6日に２００余人の社員に休職を命じた。

川崎重工業の社史によると、１９２６（昭和元）年12月30日現在の従業員数は、1万５３３０人いたと記述されているので約2割強の従業員が突然解雇されたことになる。この解雇が戦前最大の労働争議に発展した。いわゆる川崎争議の出発点である。１９２８（昭和3）年5月26日に開かれた株主総会で松方社長はじめ役員全員が辞任した。

松方社長の退任挨拶の抄録が残されている。１９５９（昭和34）年発行の『川崎重工業社史』から要約して再録する。

松方社長の挨拶

「定時株主総会を開くに当たりまして、先ず私は今回の不始末をきたし、各位に対して一方ならぬご迷惑とご心配をおかけしましたことを深くお詫びいたします。またその善後策などのため、株主総会を今日まで遅延致しました。何とお詫びいたすべきか誠に申し訳ない次第で、ひたすら皆さま方の寛大なるお許しを願いたいのでございます。

ことここに及ぼしました私の不明不徳はまさに、その罪、万死にあたり、今日かくもおめおめと皆さまにお目にかかる面目もなく誠に恥じ入る次第であります。

かくのごとき始末になり、今さら株主の皆さまや債権者各位に対し、また一致協力して当社の再建に努力している従業員に対して、如何に謝して良いか、私は進退きわまったのであります。

もし辞職ということによって、その責を免かれることが出来るならば、即時に辞職したかったのであります。もし死がすべての責任を解除してくれるならば、死も考えていました。

～中略～

これまで不況の荒波を乗り切ってきた当社を、今ここで整理しなければならない羽目に立ち至ったことは、私の不明と不徳の致すところで、その責任は重大であることを痛切に感じているのであります。

従業員には長い間昇給は行わず、薄給で辛抱してもらい、その代わり人数が多すぎることを知りつつも何とかこれを切り抜け、失業者を出さぬことに努力してきたのでありました。誠に血の涙と申しますか、万斛《ばんこく》（極めて多い）の涙を飲む悲痛な思いで、３０３７人の職工を整理、２２７人の所員を休職に致しました。

顧みれば１８９６（明治29）年、資本金２００万円のうち１００万円の払込みで当社が設立して以来32年間、不況や金融難のため浮沈の瀬戸際に立ったことはなく、切り抜けてきました。初めはわずか１０００トン足らずの汽船をつくるに過ぎませんでしたが、今日では数万トンの軍艦も建造し資本金も９０００万円の会社になりました。

今回の不始末は私のみの責任であります。

皆様の信任に背き財産を現存※し、従業員から多数の失業者を出し、残留従業員には減給の苦痛を与えました。株主各位並びに従業員に対し誠に相済みません。その責任の重大なことは何物をもっても代えがたいものであります」（傍線筆者）

後任の社長は鹿島房次郎（１８６９－１９３２）（川崎総本店総務理事）が就任した。鹿島社長は大口債権者との協議に基づいて次々に整理を進めた。

具体的には、①株式未払金３５８万余円を徴収②償却を必要とする資産３４６８万円を法定積立金（４５６万円）、別途積立金（４６１万円）、機械類の償却積立金（１１５０万円）などを使って償却、③解雇された職員の退職手当金などを支払った（※傍線の財産を現存とは別途積立金と思われる）。

別途積立金がどんな目的の積立金だったか不明だが、松方コレクションと称した美術品収集の資金だった可能性がある。

またこれまでの本社工場（川崎造船所）を艦船工場に、葺合《ふきあい》工場を製版工場に組織変更した。

1930（昭和5）年、ロンドン軍縮会議の決議に伴い軍艦などを製造していた川崎造船所の造船部門は業績が低迷した。このため橋梁工事など陸の工事に事業をシフトしていった。東京市（現・東京都）の清洲橋、白髭《しらひげ》橋、奈良電鉄（現・近鉄京都線）の澱川鉄橋、東京銀座の服部時計店、阪神淡路大震災前の、旧阪神電鉄の神戸三宮阪神ビル、旧阪急電鉄の神戸阪急会館などの鉄骨工事を受注し業績の低迷をしのいだ。

その後、1930（昭和5）年10月29日、川崎造船所は第2次整理案を作成し、再建資金を日本興業銀行に求めたが断られた。再び再建計画が頓挫した。回収の見込みが無ければ、銀行は資金を融資しないが、なぜ再建計画がこれほどまでに迷走したのか不思議である。再建計画の内容とは別に何らかの問題があったのだろう。

1931（昭和6）年6月に職工3000人余り、翌7月には社員181人を解雇した。

当時の川崎造船所は大口債務と社債の合計が1億3000万円の巨額に達し、元金の返済はもちろん、利息の支払いも出来ないほど危険な財務実態だった。その後、さらに1万数千人の従業員を一時休職させ、家族を含めると数万人が路頭に迷うことになり、社会問題に発展した。

1931（昭和6）年7月20日、川崎造船所は神戸裁判所に和議を申請した。正式な倒産の表明である。管財人による資産や負債の調査が約1年間にわたって行われ、1932（昭和7）年8月13日、和議が決定した。

1932（昭和7）年7月21日に開かれた株主総会では資本金9000万円を1800万円（5分の1減資）に減資した後、無担保債権6200万円を現物出資として優先株を発行し、資本金8000万円にすることが決まった。

社長の鹿島房次郎はさまざまな心労が重なり倒れ、株主総会の8日後に亡くなった。

和議により負債や欠損金などを整理した結果、川崎造船所は再生の第一歩を本格的に踏み出したが、前年の昭和6年には中国東北部で満州事変が勃発していた。

政府は兵隊や軍需品を船で輸送する必要があり、満州事変で造船業界は再び生き返った。

1933（昭和8）年、川崎造船所は海軍省から潜水艦3隻の修理を受注したほか、満州国からも砲艦3隻、警備船6隻の新造船の発注を受けた。陸軍省からは飛行機など多数の注文を受けた。

逓信省によると昭和11年現在の新造船（建造中または今後建造予定）の数は川崎造船所が17隻、重量は17万1700トン。

これに対して三菱長崎造船所は15隻、重量12万6500トンで、川崎造船所が優位に立ち、経営も安定路線へ向かった。

満州事変を契機に何もかもすべてが解決した。川崎造船所は戦争が始まると業績が上向くという典型的な軍需企業だった。その後、日中戦争が勃発し日本は戦争へ一直線で突き進んで行った。

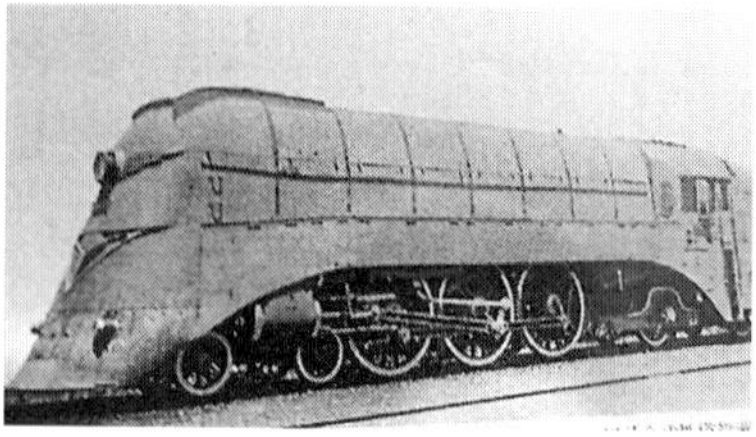
特急あじあ号

満州国のシンボルだった特急あじあ号は、大連から新京まで8時間30分で結ぶ高速列車で、門司港や新潟港から大連港に着いた多くの日本人を運んだ。人気の列車、特急あじあ号は「川崎車輛」が製作した。特急あじあ号は「川崎車輛」の技術力が高く評価される原点でもあった。「川崎車輛」はその後川崎重工業に発展し、九州新幹線など多くの新幹線の車両を製作している。
余談だが特急あじあ号で満州に渡った日本人の一部が後年、中国残留日本人になる。

第七章　第一次世界大戦後最大の川崎労働争議

川崎造船所で戦前最大の労働争議が起きた。労働組合はストライキやサボタージュ戦術で対抗しただけでなく「工場管理」という戦術を使った。「工場管理」は日本の労働運動史上で初めての戦術である。経済学者で社会運動思想家の山川均は、川崎造船所の労働争議を総括した論文を発表している（『歴史と神戸』（第6巻3号参照）』）。山川は岡山県出身で同志社中学部に進学した後上京し、マルクス主義の指導的理論家だった。山川の論文を参考に川崎争議を検証する。

電文の読み違い

1921（大正10）年6月27日、川崎造船所は上半期の賞与を発表した。支給された賞与は予想外の少額だった。そして不当な差別支給だった。組合側は同年7月4日、改善要求書を提出する団体交渉を行なったが、会社側は「社長が帰国するまで要求書の提出を延期せよ。そうでなければ拒絶する」と回答した。組合側は同年7月12日、「工場管理宣言」を発表した。これは工場を組合の管理下に置くというものである。組合側は「川崎産業委員会」と呼称し、工場管理の宣言文を発表した。

要約して紹介する。

宣言

「川崎産業委員会は川崎造船所の各工場の作業を管理することにいたします。

私たちは、本社や工場1万7000人を代表し要求書を提出しましたが、会社側は、社長不在を口実に誠意ある回答をせず、ぐずぐず今日まで引き伸ばしました。私たちの動機はいたずらに日本の産業を転覆させるような気はありません。私たちの人格を認め、生活を少しでも楽しくして貰うことが目的です。会社が今迄の様な横暴な態度に出て不誠実な態度を持続する事に対して、私たちは要求が貫徹するまで工場の仕事をみんなで管理し、工事（仕事）を進めることにいたします」

これに対して会社側は工場閉鎖（ロックアウト）し、暴力団や軍隊を出動させ組合側を排除した。なぜ軍隊が出動したか不明だが、川崎造船所は国策企業として軍艦などを製造していた。

この事態を受けて松方社長はパリから会社の役員へ「ヘッドをクール（冷静に）にして対応せよ」と打電した。しかし役員らは「ハートをクール（冷酷に）にして対応せよ」と読み違えた。この結果、事態が大きくこじれた。

1922（大正11）年12月29日、争議から1年半後に帰国した松方社長は、幹部従業員を集め、冬の賞与を渡し社長声明を出した。3600文字を超える長文の社長所感が配られた。賞与は年末の押し迫った29日に支払われたが、従業員は正月準備ができなかっただろう。

一方、会社側は賞与支払いのため、年末ぎりぎりまで資金繰りに奔走していたことが分かる。翌30日は銀行が正月休みに入ったはずである。川崎造船所はすでにこの時期から資金繰りが厳しかったことが分かる。そしてこの4年後に経営破たんする。

労働組合へ対する松方社長の声明文

松方社長が出した声明文は、労働運動に対する考え方を知る手がかりとなる。声明文を要約して紹介する。

「株主ばかりに配当して皆に賞与をやらない様なことはしない。昨年私が不在の時に起こった騒動が将来起きることが無いように、幹部の人は日頃から職工を指導し、お互いが不幸を招くことが無いようにしてもらいたい。

日本ではこの数年大きな騒動が起きている。私が社長に就任以来ストライキなどは無かったのに川崎造船所で起きた、ということは社会に対して申し訳ない。先年のサボタージュ闘争（大正8～大正10年の労働争議）が行われた時に、使われたリボン（このリボンは組合側が配布したもの）は、自分を激励するために、記念として私の部屋に飾っている。

しかしながら昨年、私の留守中に騒動を起こすことに至ったことは私の不徳の致すところである。しかし責任は私一人で、他にはないのだろうか。

騒動に加わった者も社会に対して、市民に対して、家族に対して責任を負わねばならない。また、ここにいる人たち（幹部従業員）の心掛けが悪いからこんな事態になったと思う。

1万何千人の従業員のなかに、義侠心があり、人を統制するものが一人もいないのは残念である。日頃、工場長とか技師とか言っていても、騒動の時、役立たないのであれば何になるか、と私は思っている。

情けないと思いながらも、私は皆を恨まない。

自分の不行き届きと思っている。今後は皆にお願いする。これまでと違う態度で仕事をしてほしい。サボタージュなどを扇動する従業員がいれば、解雇する。

昨年（大正10年）、私の外遊中に、役員が『社長が帰ってくるまで待ってくれ』と言ったのに、夏の暑い時期に神戸の町を騒がした。

給料をもらえず家族は迷惑したではないか。元来日本人は義侠心の強い人種である。大和魂を西洋人も羨《うらや》んでいる。しかしながら西洋人の悪い真似をして、日本人の長所を捨てつつあるのは残念の至りである」(傍線筆者)

傍線で示す具体的な証言も残されている。

この証言は、神戸在住の直木賞候補作家の武田芳一氏が『歴史と神戸(第3巻)』に寄稿しているもので、この年、神戸では労働争議をめぐって3件の乱闘事件が発生した。労働者側と暴力団との乱闘事件で、労働者側の体験記録を読むと、当時の労働争議の実態が生々しく伝わる。その一部を要約して紹介する。

「この事件は1921(大正10)年7月○日(○日は掲載されてなく不明だが、10日と思われる)正午過ぎのことである。

争議団が提出した要求書は蹴られ、幹部が解雇された翌日である。

この日三菱造船所の争議団(組合員)が川崎争議団と交歓するため、労働歌を歌いながらブリキ缶などを叩いてやってきた。川崎争議団も彼らを歓迎しデモ隊の編成を急いでいた。

この時、下請けのペンキ職人、〇〇組（原文では実名が記載）の子分たちが立ちはだかって妨害しようとした。

暴漢たちは皆、青い褌姿《ふんどしすがた》で、片手に棍棒を持ち、頭には白い鉢巻きをしめ、膝から下は彼ら特有の仕事着をつけ、上体はもろ肌を脱いで、胸の近くまで晒《さらし》を巻き、素肌には刺青《いれずみ》が輝いていた。彼らのいでたちは正に喧嘩《けんか》の出入りの格好で30人近くがたむろしていた。

この時、川崎のデモ隊が労働歌を高唱しながら道路に出てきた。暴漢は会社側に雇われたもので、会社は暴力で自分たちの要求を打砕く考えだ。

デモ隊の先頭にいた血気の若者たちは、道路の石を拾い彼らに応戦し始めた。デモ隊が投げつける石が刺青をした彼らの素肌にあたると血が流れ出した。デモ隊の石の攻撃で暴漢たちの半数は血を流していた。暴漢たちは俄然攻撃に移った。飛んでくる石をものともせずデモ隊に殴りかかっていった。中には棍棒を捨て、腹巻にさしていたドスを抜いて飛び掛かってきた。デモ隊は白く光るドスを見ると、怖気《おじけ》づいて『抜いたぞ』と叫び門内になだれ込んだ。

皆が一斉に門内に駆け込もうとするが、門は道路ほど広くない。門前はたちまち混乱の巷と化した。暴漢たちは逃げ遅れたデモ隊の背後から襲いかかり、デモ隊は刺されたり、殴られたりしてけが人がでた。幸いにこの時は死者はなかった。

このあと警官隊が出て来て彼らの間に割って入り、負傷者の収容や容疑者の逮捕で幕になった。この争議で事態はさらに泥沼化した。会社側が暴漢を雇い争議団に怪我をさせたとして川崎造船所の大争議に発展した」

労働争議で4人死亡

武田芳一氏は同年7月29日の流血事件についても『歴史と神戸』に寄稿している。要約して紹介する。寄稿文には当時のベストセラー作家の賀川豊彦も登場する。当時の緊迫した状況が生々しく伝わる。

「この日川崎争議団は、午前6時ごろから集まりだし午前8時には約4000人が生田神社を埋め尽くした。街頭デモや屋外集会が禁止されていたなか、考え出されたのは神社祈願だった。集まった争議団には血気ムードが流れていた。

香川豊彦の演説が終わると、一人の団員が女の黒髪を捧げて立ち上がった。その黒髪は女性が勝利祈願の為に切ったものだった。（※当時、女性の黒髪は貞操に次ぐ大事なものだった）『団員は死ぬまで闘おう』と演説した。

デモ隊が目的の七宮神社へ向けて出発した。白服の巡査の小隊がデモ隊を防ぐように道路いっぱいに警備していた。小隊長が『抜剣！　かかれ！』と部下に命令した。私服巡査は十手で、制服巡査は抜剣してデモ隊に襲いかかった。

『おのれ！　ど職工め』と叫びながら切る、突く、殴るなどと暴れる限り暴れた。デモ隊の前にいた者は、その光景に恐れをなして後ずさりしながら『抜いたぞ！』と叫んで後へさがって行った。そんな後向きの連中を片っ端から襲っていくのは、わけなかった。瞬く間に20名ほどが叩き潰されてしまった。その混乱は、砂煙と人々の怒号、泣声でまさに阿修羅の巷であった。道路のあちこちには血を流している負傷者が頭を抱えたりして転がっていた。巡査は追撃の手をゆるめなかった。デモ隊は逃げるのが精いっぱいで、民家や小路へ蜘蛛の子を散らすように逃げた。ひとりの重傷者は背後から剣で腹部まで突かれていた。この重傷者は5日後に死んだ」（『歴史と神戸』（第3巻・別冊）より）

川崎争議団（法政大学所蔵）

川崎争議は、戦前最大の労働争議で参加人員は3万人を超えたといわれている。

デモ隊の行進（法政大学所蔵）

会社側は暴力団を動員、政府も軍隊を出動させるなど徹底的に弾圧した。真夏の炎天下で40日間にわたり激しく闘われた川崎争議は労働者側が敗北宣言を行い、終了した。

争議団の中心メンバーには、人気作家でキリスト教社会主義者の賀川豊彦がいた。一方、憲兵隊の中には甘粕正彦大尉もいた。甘粕大尉は、この事件から5年後に社会主義思想家の大杉栄と伊藤野枝（内縁の妻）を殺害した。いわゆる大杉事件の首謀者として後年有名になる。川崎争議の様子は日活の撮影隊により撮影されており、この映像は現在、法政大学に保存されている。

当時の松方社長の様子を近所の子どもたちが書き残している。『歴史と神戸』から抜粋して紹介する。

「小学校1年生であった私は毎日北野町から山本通りを抜けて山手小学校へ通っていた。途中、国宝名刹さながらの門構えの邸宅があった。毎朝早くカツカツと蹄《ひづめ》の音がしてくる。松方さんの馬車であった。松方さんは川崎造船所の社長であったから、その出勤だった。朝の松方さんは、ひざ掛けをして葉巻を加えいつも新聞を広げていた。私が『おじちゃん！』と声掛けたらすぐこちらを向いて『う、なんや？』と気軽に返事してくれる恰幅の良い温かい感じの紳士だった。

第一次世界大戦後、大不況がやって来て川崎造船所はストライキをやった。毎朝、この争議の渦中の人物を見る時、近所の人々が『お気の毒になあ、あんなにシンドソウニしてはる』『やつれやったなあ』とつぶやきが漏れていた。松方さんの子どもさんは優秀な頭をしていて、家柄を鼻にかけるような態度は無く、明朗で、地味で質素な躾がされていました。

松方夫人は体格の良い上品な方で、ご自分の名前を表面に出されるようなことは少しもなかった。昭和の初め頃、松方さん一家は東京へ引越しされた。あのお屋敷はどう処分されたのだろうか」（『歴史と神戸』第4巻別冊1より抜粋）

大日本帝国陸地測量部が１９２３（大正12）年に作成した神戸市の地図には、神戸女学院の東隣に松方邸が山本通に面して表示されている。現在、神戸女学院跡は神港学園となり、松方邸跡はマンションが立地している。

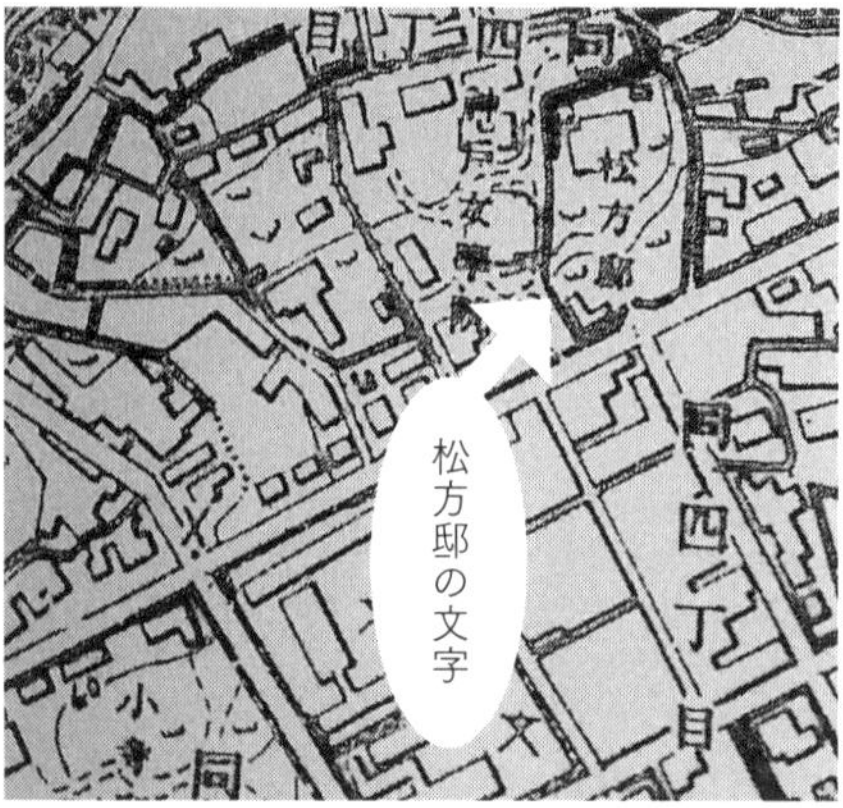

神戸市地図（大正12年）

現在の松方邸跡

第八章　薩州財閥と松方コレクション

購入した美術品

東京上野の国立西洋美術館は、多くの美術愛好家が訪れ、観光スポットにもなっている。しかしなぜこの地に国立西洋美術館が造られたか。意外に知られていない。

国立西洋美術館の建設には、サンフランシスコ講和条約を締結した吉田茂が深く関与した。吉田茂は大久保利通、牧野伸顕（大久保利通の二男）から続く薩摩閥系である。牧野伸顕の娘婿が吉田茂であることは周知の事実。

吉田茂の側近として通訳を務めていたのは白洲次郎で、妻の白洲正子の祖父は明治期に海軍大将を務めた薩摩閥の樺山資紀だった。生家は鹿児島市の高見橋近くにあり、現在記念碑が建立されている。吉田茂は松方正義の三男・松方幸次郎が欧州で収集した美術品の「寄贈返還」を求める交渉を積極的に推進した。「寄贈返還」された美術品は松方コレクションと呼ばれている。

余談だが「寄贈」と「返還」は意味が異なるが、交渉の過程で日本側は「返還」を主張し、フランス側は返還ではなく「寄贈」だと主張し、対立した背景がある。その結果「寄贈返還」という表記で専門家は記述している。いずれにしろ貴重な美術品類が日本に戻り、現在、多くの市民に親しまれている。

松方社長が欧州で購入した美術品類を整理すると、①と②の流れに分類される。

①松方社長が大正期に欧州から日本へ輸送した美術品（浮世絵・西洋絵画）
川崎造船所の経営破たんで十五銀行などの管理下に
⬅
売却（浮世絵８２００枚は東京国立博物館へ）

②松方社長がフランスに留置した美術品（未輸送の美術品）
フランスで保管（西洋絵画など４００点）
⬅
第一次世界大戦でパリ郊外に疎開
⬅
敵国財産としてフランス政府が接収
⬅
３７０点が寄贈返還（19点は現在もフランスに留置）

「寄贈返還」された作品数は松方コレクション関連の書籍や資料を調べると同一でない。国立西洋美術館の初代館長富永惣一氏によると寄贈された作品数は「総数381点で内訳は絵画308点、彫刻63点、書籍5冊」（川崎重工業社史979頁参照）としている。

ところが絵画の308点、彫刻63点、書籍5冊を合算しても総数の381点にはならない。本書で表記している作品数は平成28年9月17日、神戸市立博物館で開催された「松方コレクション展」で紹介された数字である。

浮世絵研究家の矢田三千男氏が昭和初期に川崎造船所の地下室に入り浮世絵の整理をした時、7996枚の浮世絵が存在していたことが川崎造船所の社史に記述されている（川崎重工業社史974頁参照）。

ところが松方三郎（幸次郎の末弟で養嗣子）が1951（昭和26）年10月に上梓した書籍『遠き近き』では浮世絵は8000枚を超えていた、と証言している（『遠き近き』232頁参照）。

松方正熊（松方正義の九男で幸次郎の弟）の次女・春子はライシャワー駐日アメリカ大使に嫁ぎ、祖父松方正義の生涯を著書『絹と武士』で紹介している。

この中で松方幸次郎が欧州から日本へ送り出した美術品類のリストは、油絵700点、水彩画60点、彫刻32点、タピストリー17点、浮世絵8218点（『絹と武士』345頁参照）としている。

なぜこのように作品の数が異なるのだろうか。私は不思議に思っていた。欧州から日本へ送られた美術品類は長い間、川崎造船所の経営破たんとともに十五銀行などの抵当に入っており、この間、少しずつ散逸したと推察する。つまり、抵当物件の管理にも問題があったのだろう。

これを示唆する証言を美術史研究家の矢代幸雄が次のように残している。

「浮世絵だけは幸いにして東京国立博物館へ入り安心したが、油絵は大原美術館やブリジストン美術館に入ったものは幸せで、その他は民間に散らばり、戦後は国外へ売られたものもあった」（『芸術とパトロン』68頁参照）

担保物件として差し押さえ

松方が収集した美術品類は川崎造船所の経営破たんにより、十五銀行などの抵当物件として差し押さえられ、少なくとも7回にわたる展覧会で売り立てられた。

差し押さえたのは十五銀行（現在の三井住友銀行）、日本興業銀行、藤本ビルブローカー銀行（現在の大和証券系）、安田銀行（富士銀行を経て現在のみずほファイナンシャルグループ）などである。

1927（昭和2）年7月6日の東京朝日新聞によると、十五銀行は川崎造船所の「倉庫」

に保管されていた美術品を、藤本ビルブローカー銀行は「地下室」に保管していた美術品をそれぞれ差し押さえた。このうち最も早く売却したのは藤本ビルブローカー銀行だった。第1回の売立は1928（昭和3）年3月13日に行われた。

昭和3年4月5日、川崎造船所の債権者会議が開催され、整理案が決まった。株主総会で松方社長が辞任したのは同年5月26日。つまり、松方コレクションの「売り立て展」は松方社長の辞任前から準備され、開催されたことになる。

さらに松方家の財産も処分された。これも松方社長の辞任前である。川崎造船所の整理は昭和2年7月から着手され、再建へ向けた改革がスタートしていた。

そして、これと歩調を合わせるように松方社長が収集した美術品類（松方コレクション）の取り扱いが決まった、と思われる。川崎造船所の銀行借り入れは、松方社長が「個人保証人」になることを条件に融資されていたはずである。従って、松方社長の個人資産まで債務の返済が求められたのは当然である。

仮に「美術品は松方の個人資産である」と主張しても、実質的に川崎造船所の資産であった場合は処分の対象となる。管財人が当時、どのような判断をしたか不明であるが、この時期、松方社長は夜も眠れぬ日々を過ごしていた、と推察する。

松方コレクションの売り立てられた記録簿は一部しか残されていない。

第１回の売り立て展は、１９２８（昭和３）年3月13日から同年3月30日まで東京府美術館（当時の呼称・現在の東京都美術館）で行われた。同展は「松方氏蒐集欧州美術展覧会」と名付けられ、２０８点の絵画類が展示された。しかし、売却されたのは約60点、14万円余り（『みづゑ』の２７９号・昭和3年5月発行１９０頁）であった。

同誌では散逸が進む美術品類について、床次竹二郎、和田英作らが対応策を協議していることも紹介されている。この時期、政界で活躍していた鹿児島出身の政治家は床次竹二郎だった。協議の内容は「国が寄贈を受けるか」、「国が６００万円で買い取るか」であったが、どちらも合意に至らなかった。結局、何も解決しなかった。その後、第４回売り立て展までは国民美術協会が主催し、会場は東京府美術館で行われたが、当時の国民美術協会のトップ（会頭）は鹿児島出身の黒田清輝だった。そして床次は政友会の平民宰相、原敬の後継者といわれ、次期首相候補だった。しかし床次は、立憲政友会内部の権力闘争に敗れ、脱党し新党（政友本党）を作った。その後、政友会に復党するなど変節を重ねていた。

売り立て展図録の表紙

このような政界の事情から床次の政治力は低下していた、

と思われる。

余談だが、2019（令和元）年6月11日から同年9月23日まで、東京の国立西洋美術館で開催された「松方コレクション展」には三井住友銀行が所蔵している絵画も出展された。出展されたのは縦75センチ、横63センチのキャンバス（帆布）に描かれた「ホワイト夫人」と名付けられた絵画など5点で、これは十五銀行が担保として差し押さえていた絵画が、売り立て展でも売れずに、そのまま十五銀行が保管していたものと思われる。

ちなみに当時の新聞（都新聞など）によると、十五銀行は第3回売り立て展で売却した美術品類は110万6555円、第4回売立て展では13万円売却した、と報道している。

総理大臣を2回務めた松方正義も責任を痛感し、私財を提供した。松方家には尾形光琳、加納探幽、雪舟などの美術品（総数383点）があり、これらが入札にかけられた。

松方家の財産処分は少なくとも2回にわたって行われた。1回目の入札は1928（昭和3）年3月26日、下見会は3月24、25日。2回目は入札が同年4月9日、下見会は4月8、9日に行われた。

2回とも東京市芝区愛宕下町（現在の東京都港区）の東京美術クラブで開催された。入札会の関連資料は今も残されており、処分された財産の一覧表が記載されている。

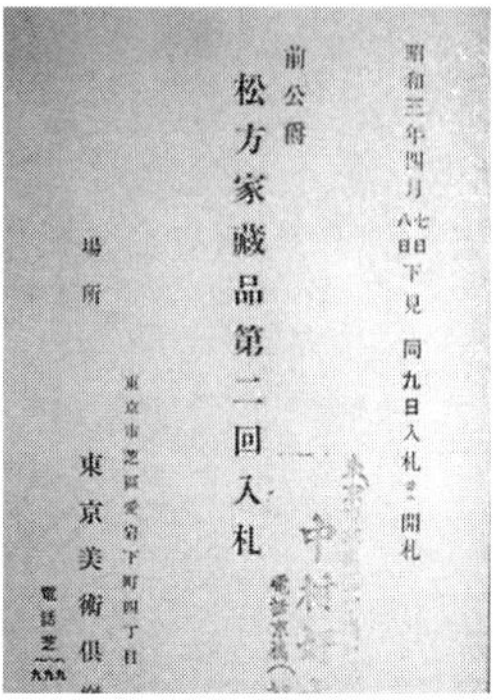
昭和三年四月七日八日下見　同九日入札　開札
前公爵
松方家藏品第二回入札
場所　東京市芝區愛宕下町四丁目
東京美術倶

松方家の入札会目録の表紙

この時期、松方家にとっては毎日が失意と絶望の連続だったに違いない。これらの日々は第7回売り立て展が終わる昭和9年11月まで続いた。

一部の書籍や研究論文には「松方コレクションは個人資産にもかかわらず担保物件になり、売り立てられた」と記述してあるが、これは正確な事実検証が求められる。

当時の日本は満州事変、五・一五事件、国際連盟脱退など軍国主義に向かって次々と国策が推進されていた。

ドイツ潜水艦Uボートと松方社長

松方社長が美術品の収集を本格的に始めたのは、川崎造船所の社長としてロンドンに滞在していた時だった、というのが通説になっている。

松方社長は、1916（大正5）年から大正末期まで、たびたびヨーロッパを訪れた。川崎重工業の社史によると、松方社長は1916（大正5）年3月25日欧米に出張し、帰国したのは1918（大正7）年11月25日。実に2年8カ月も日本にいなかったことになる。その後、1921（大正10）年4月14日から1922（大正11）年2月10日まで欧米出張した。川崎造船所は日本で最初に国産の潜水艦を建造し、海軍省とのつながりも強かった。

松方社長はこの時期、なぜ米国へ渡ったのだろうか。

米国の潜水艦の性能視察が目的であった、と私は推察する。日本が潜水艦を米国製の潜水艦からドイツ製の潜水艦に建造方針を変更した時期と重なる。

1924（大正13）年6月11日から1927（昭和2）年4月1日まで海軍大将を務めた井出謙治の証言が残されている。証言を再録する。

「日本海軍は第一次世界大戦の戦利品としてドイツの潜水艇7隻を獲得し、潜水艦の研究を始めた。そして川崎造船所へ潜水艦の建造を発注した。松方は、ドイツの潜水艦Uボートの建造技師3名を日本へ招いた。そして苦心の末、建造したのが「伊号第1」と「伊号第2」の潜水艦だった。潜水艦の建造で功績があったのは川崎造船所の松方社長だった」（川崎重工業社史298頁参照）

松方社長の末弟、松方三郎もドイツのUボートと松方社長の関係について証言している。

松方三郎の証言を著書『遠き近き』から抜粋して紹介する。

「各国はドイツの持っていた軍事機密を如何にして自分の国で集めるかに心を砕いていた。

そのひとつに潜水艦があった。ドイツの潜水艦は、戦争中（第一次世界大戦中）、大西洋の哨戒網をくぐって見事にボストンまで往復し、世界を震撼させたことがある。各国はドイツの潜水艦に関する機密を手に入れるため猛烈な競争をした。造船屋の彼（松方社長）がこのことを知らないはずがない。

彼が各国の厳重な監視をくぐって、妨害を受けることもなく幾つかの重要な資料を手に入れたことは、彼の名前が欧州では『美術品収集家』として通っていたからだ、と言われている」（『遠き近き』２３０頁参照）

松方社長は１９２７（昭和２）年４月、十五銀行の経営破たんを受けて帰国した時、すぐに海軍省を訪問した。なぜ松方社長は神戸の会社（川崎造船所）へ向かわず、海軍省を訪問したのだろうか。松方コレクションの購入経費は海軍省の機密費から出された、と美術史の研究家湊典子氏は述べている。また、１９３９（昭和14）年、松方幸次郎の秘書になった上原三郎氏は著書『どんとこい人生』の中で海軍の機密費を使い欧州で大量の絵画類が購入されたと記述している。（『どんとこい人生』１７９頁参照）

上原氏は鹿児島商工会議所副会頭などを歴任した経済人で、昭和初期に松方の選挙運動を手伝ったことから松方とは知友だった。

松方が上原に語った証言を要約して紹介する。

「前略～第一次世界大戦で連合軍を震え上がらせたのはドイツ潜水艦Uボートだった。海軍はその設計図を求めて八方手を尽くした。民間人で造船業の俺（松方）にUボートの設計図を入手するように依頼してきた。俺は加藤寛治軍令部長から機密費を預かり渡仏。フランスに住む各国要人とコネをつくるために絵画コレクションを始めた。幸いフランスにはドイツ出身の名家が多く美術品収集で多くの友人を得た。こうしたコネが実ってドイツ人技師からUボートの設計図を取得した。～後略～」（『快男児！上原三郎どんとこい人生』参照）

松方社長はドイツの潜水艦Uボートの設計図を入手し帰国。そして、ただちに海軍省へ渡した、と推察する。

川崎造船所が経営危機に直面すると政府は、艦船や潜水艦の建造に関する対応が早かった。「川崎造船所を如何に再生させ、従業員の雇用を如何に確保するか」というこれまでの会社側の対応に比べると格段の差がある。

1927（昭和2）年7月19日、政府は海軍の組織内に艦船建造部の設置を決め、艦船の建造を川崎造船所に代行しておこなった。川崎造船所は資材や設備をすべて政府に提供し、従業員5866人を在籍のまま、海軍の要員に転属させた。同時に従業員3037人を整理した。

フランス画家モネとの出会い

大正末期の駐英大使、林権助と松方社長の会話が『芸術のパトロン』に紹介されている。林大使は松方社長に対して次のように言った。

「おい松方、お前は大金持ちだが、どうせそんな金はやがて無くして、破産するだろう。だから今のうち油絵を日本のためにどっさり買って置くが良い。その方がお国のためになる」（『芸術とパトロン』３頁参照／傍線は筆者）

松方社長は出張先のパリで画廊に足を運び、絵画や彫刻をはじめ家具やタペストリーなど、膨大な数の美術品を買い集めたほか、欧州へ流出していた日本の浮世絵を大量に買い戻した。その数は８０００枚を超えるとされている。８０００枚とは８０００種類のことである。つまり海外に流出した８０００種類の日本の浮世絵を松方社長は買い戻したことになる。

東京国立博物館が所蔵する浮世絵コレクション約８０００点を含め、購入した作品の総数は1万点に及ぶ、といわれる。

しかし、これらの作品の購入資金について調査した書籍や研究論文は見当たらない。膨大な美術品をすべて個人の資金で購入したとは考えられない。川崎造船所系の企業を経由し十五銀行などが松方社長へ資金提供した、と推察する。

この推察の背景として松方社長の欧州滞在とほぼ同時期に十五銀行の頭取松方巌の娘・竹子（黒木竹子）はパリにいた。黒木竹子は松方社長の姪でもあった。

松方社長の絵画購入資金は、①川崎造船所ルート、②十五銀行ルート、③海軍省の機密費ルート三つのルートがあった。このうち、①②の資金供給ルートを影で支えていたのが黒木竹子の存在だったに違いない。

竹子の夫・黒木三次は当時、大蔵省から辞令を受け、パリで欧州各国の銀行制度を調査していた。そして黒木竹子はパリ郊外に住むクロード・モネの自宅をたびたび訪れ、モネとは知友だった。松方社長にモネを紹介したのは黒木竹子だった。

この関係を証明するかのように国立西洋美術館にはモネが描いた「黒木竹子の着物姿の肖像画」が展示されており、モネ、黒木竹子、松方社長の3人の密接な関係を絵画が証明している。松方社長の美術品収集は当時、パリで生活していたこれらの人物が大きく関与していたのは間違いない。この事実は「松方コレクション」を研究する専門家に見逃されている。

黒木三次が購入したモネの「黄昏・ベネチア」。この絵画は現在東京のブリジストン美術館が所有している。

また松方社長がパリで美術品購入する際に同行していた人物として成瀬正一がいた。成瀬の父（成瀬正恭）は後年、松方巌の後任として十五銀行の取締役から頭取に就任した。さらに成瀬正一の妻は川崎正蔵の孫・川崎福子だった。川崎正蔵は川崎造船所の創業者である。成瀬正一夫妻は１９２１（大正10）年から4年間、パリで生活していた。前述した松方巌（大正11年11月22日まで十五銀行頭取）の娘・黒木竹子に加え成瀬正一（成瀬正恭の息子）の妻・福子（川崎正蔵の孫）は薩州財閥と血縁でつながり、極めて密接な関係だった。

前述の駐英大使の林権助の予言はその後現実になり、川崎造船所は経営危機に陥った。日本銀行の調査報告書には、十五銀行から松方社長への貸出残高（昭和2年5月時点）が記載されている。本書第5章で示すように松方社長の貸出残高は２４２万円、関係会社への貸出残高は６５０２万円で合計６７４４万円の貸出残高があった。松方社長はこれらの資金の一部を絵画購入に使った、と推察する。この推察を裏書きするように松方社長自身が「絵画の購入資金は松商会の資金から出した」（『絹と武士』３４１頁参照）と証言している。

3人のモネ邸訪問記

1921（大正10）年9月、『芸術のパトロン』の著者で美術史研究家の矢代幸男は、松方社長に連れられモネの自宅を訪問した。その時の様子が複数の書籍に紹介されている。まず矢代の証言を要約して紹介する。

「松方さんに連れられ歩いたことで最も有意義だった一日は大画家モネ邸の訪問だった。モネは晩年、パリの郊外（ジベルニー）に隠棲していた。

その日は和田英作さん（鹿児島出身の画家）も一緒に行った。やがて庭の広いモネ邸に着いたが、そこにはモネが幾度も描いているお馴染みの大きな睡蓮の池があり、その周囲には大小の柳の木が枝を垂れ、日本の太鼓橋のような欄干のある木橋が架かっていた。

それから家へ入ると相当広い家で、すべてが白い色で塗ってあり、廊下は窓から日光が自由に差し込み、空のコバルト色や緑樹の陰影が家の中まで流れ込んでいた。

そして広い廊下から二階へ登る階段には壁一面に日本の浮世絵が掛けてあった。日本の浮世絵があれほどたくさん並べてあるのを見ると、モネの浮世絵への愛着は深かったものに違

いないと思った」（『芸術とパトロン』60頁参照）

次に和田英作も日記に、モネ邸を訪問した時の記録を残している。

日記を要約すると、訪問したのは１９２１（大正10）年9月13日で天気は曇り、午後1時半の汽車でパリを出発しモネ邸に到着したのは午後3時。モネの部屋で多くの作品を鑑賞しパリに戻ったのは午後7時半だった、と記している。

前述の矢代幸雄の記述とほぼ同様だが、モネ邸を訪問した時の様子は『和田英作日記』が最も長文で詳しく書かれている。和田英作日記を読むと、１９２１（大正10）年8月28日から9月21日まで、毎日のように松方社長と和田英作が会っていたことが分かる。和田は、松方社長の宿泊していたパリのグランドホテルに連日訪れていた。『和田英作日記』は子孫の和田楽氏が長年保管していたものを、手塚恵美子氏（美術研究家）が翻刻し２００７（平成19）年『近代画説』で詳しく紹介した。

一方、松方社長自身もモネ邸を訪問した時の様子を語っている。これは松方三郎の著書『遠き近き』の中で紹介されているもので、内容は前述の矢代と和田の証言と一致している。要約して紹介する。

「モネと初めて会ったのは第一次世界大戦後2年目だったと思う。モネとはかねて知り合いの黒木竹子夫妻と3人でパリ郊外のジベルニーに行った。

「あなたの絵を買いたい」と僕がいきなり言うと、モネは不思議そうに「なんで自分の絵を買う必要があるのか。日本には偉大な芸術品があるじゃないか。自分はそれを手本に勉強している」と言った。なるほど書斎から応接間や食堂まで浮世絵が一杯飾ってあった。モネがオランダの食料品店でお茶を買った時、その包装紙が浮世絵でそれを見てびっくりして、浮世絵を研究する動機になったそうだ。～中略～モネの絵は随分買った。ほとんど買ったままフランスとイギリスに預け放しのままになっている。神戸の十五銀行の地下室で欠伸《あくび》しているのも可なりある。有名な連作『ルアンの寺』の一部もそのなかにあったと思う」

この時期、川崎造船所はまだ経営破たんしていない。しかし、なぜ十五銀行の地下室に松方が購入した絵画があったのか不思議である。

松方証言を追う

前述した『芸術のパトロン』にはパリのシャンゼリゼ通りを散歩しながら交わした矢代幸男と松方社長の会話が掲載されている。

同書によると、松方社長は「自分（松方）は第一次世界大戦で川崎造船所が好景気になり、自由に使える金が３０００万円できた。私は油絵を買って日本へ帰り、日本のために立派なコレクションをつくりたい」（『芸術のパトロン』29頁）と語っている。

この証言と同様な記事が１９５９（昭和34）年6月号の『藝術新潮』にも掲載されている。これは当時の浮世絵研究家の矢田三千男が書いたもので、矢田は松方社長からの依頼で神戸の川崎造船所の地下室で浮世絵の整理をした時、「直接聞いた話」として書いている。要約して紹介する。

「松方氏が川崎造船所の社用でロンドンのホテルに滞在していたのは１９１４（大正３）年の初めだった。社用というのは造船の船材を買い入れるのが目的だった。２～３カ月の滞在で、その用件も片付いた時だった。第一次世界大戦が勃発した。

帰国の準備をしていた時、日本の本社から一通の電報を受け取った。

その電文は、船材の買い付けを解約し、船材を売却せよというものだった。

驚いた松方氏は本社に問い合わせたところ、未曽有の第一次世界大戦により造船界が受ける打撃を予想して、消極方針を取るというものだった。

松方氏の再三の説得も効を奏せず、解約（売却）しなければならなかったが、すでに船材の価格は天井知らずで、高騰していた。その結果として３０００万円の利ザヤが生じた。思わぬ金が転がりこんだ。松方氏の旅行カバンは膨れ上がり帰国した。神戸港に降り立った松方氏は出迎えの重役陣へ笑顔でそのカバンを渡した。

その後、この3000万円が『松方氏個人の金』という考えと『会社の金』という考えが対立して、未処理のまま時が過ぎた。

1920（大正9）年、欧州に旅立つ松方氏は未処理のままだった3000万円を『喜んでお受けしたい』と重役会議に申し出て取得した」

『芸術のパトロン』と『藝術新潮』に掲載された記事は真実だろうか。

3000万円という大金を旅行カバンに詰め込むことは可能だろうか。当時は1万円札もなかった。これらの記事を全面的に信じられない記述が、経営破たんした十五銀行関連の調査資料に掲載されている。この調査資料は日本銀行調査局が1929（昭和4）年にまとめたもので、国際汽船（松方一族）に対する貸出金額の一覧表である。

国際汽船は1919（大正8）年7月に川崎造船所を筆頭株主として設立された。

別表22に示すように国際汽船株式会社の銀行借入金は1922（大正11）年末で5245万円に達していた。会社を設立して3年間で5000万円を超える借入金が発生している。異常な財務状態だった。この借入金は何に使われたのだろうか。

これまでの借入金を返済することなく、毎年増やしていたことがこの資料から分かる。

松方社長の絵画購入資金は国際汽船の借入金から流用されていた可能性がある。前述した「利ざやで稼いだ3000万円」は架空の話であった、と推察する。

なぜなら、利ざやで稼いだ3000万円が真実であれば、常識的には銀行返済に充てられたはずである。しかし銀行借入金は逆に増えている。

松方社長が購入した美術品は総数1万点を超える。膨大な美術品をすべて個人の資金で購入したとは考えられない。十五銀行などが川崎造船所系の企業を経由し松方社長へ資金提供した、と推察する。これらの作品の購入資金について調査した書籍や研究論文は見当たらない。

さらに川崎重工業の社史には、1914（大正3）年と1920（大正9）年に松方社長が欧州に出張した記

表22　国際汽船の借入金調査表

	特別借入金	銀行借入金	借入金合計
大正9年末	2407万1千円	1430万7千円	3900万8千円
大正10年末	2822万8千円	1848万7千円	4671万5千円
大正11年末	2920万円	2325万7千円	5245万7千円
大正12年末	3020万円	2474万3千円	5494万3千円
大正13年末	2920万円	2960万3千円	5880万3千円

※特別借入金は十五銀行などの保証で借入先は不明。銀行借入金は興業銀行、第一銀行、十五銀行からの借入金

（日本金融史資料　昭和編24巻500頁参照）

録はない。海外出張記録表（第5章表11参照）を見ると、松方社長は川崎造船所をはじめ国際汽船など多くの会社の社長や役員を兼任していたが、ほとんど日本にはいなかったことが分かる。

日本銀行の調査報告書には、十五銀行から松方社長への貸出残高（昭和2年5月時点）も記載されている。本書第5章表12で示すように松方社長の貸出残高は242万円、関係会社への貸出残高は6502万円で合計6744万円の貸出残高があった。松方社長はこれらの資金の一部を絵画購入に使った、と推察する。

真実は不明であるが、当時の画家藤島武二は絵画購入経費は600万円と証言している。これは1919（大正8）年8月に発行された雑誌『中央美術』に掲載されたもので、前述の矢代幸雄や浮世絵研究家の矢田三千男の証言と大きく異なる。

藤島武二は次のように証言している。

「松方社長は滞欧中に日本の美術界のために600万円の財を投じて美術品を蒐集し、社会風教（徳をもって人々を教え導くこと）に利すべき美術館建設を企てた。（中略）これらの作品の一部はすでに到着し、これまでの到着分は東京三田の松方侯爵邸に保管してある」（『中央美術』大正8年8月号60頁参照）

黒田清輝と松方社長の関係

鹿児島出身の画家、黒田清輝は日本の近代洋画の父と呼ばれ、明治から大正にかけて洋画界で活躍した。東京の上野公園の一角には黒田記念館があり、黒田の作品や功績が展示してある。黒田は明治中期にパリに渡り、洋画を学んだ。

パリから出した黒田の手紙に松方幸次郎が登場する。(以下、東京文化財研究所所蔵)

一八九〇年八月八日附　パリ発信　父宛　封書
此の頃は巴里ニ鹿児島人多く集り居候　総て九人位居申候　先日ハ松方氏兄弟及公使館書記生川崎氏等と四五人私等宅に相集り鶏の汁を作り申候　松方氏三男幸次郎と申人今度の便にて帰朝致し候（中略）　父上様　清輝

この手紙は1890（明治23）年、8月8日にパリから鹿児島へ出された。手紙によると、この時期松方幸次郎もパリにいた。松方はこの時25歳で、川崎造船所の社長に就任する6年前である。通説では松方は川崎造船所の社長として欧州出張し絵画に興味を持った、と言われている。

しかし、松方は川崎造船所の社長に就任する前から画家の黒田清輝らと交流していたことが分かる。そしてこの時期パリに鹿児島人が9人もいたことは驚きである。

黒田の日記には松方幸次郎がたびたび登場する。抜粋して紹介する。

大正八年四月十日　木　曇　午後三時過ヨリ雨
松方幸次郎君購入ノ油絵到着セシ為メ招カレテ午前十一時過ヨリ侯爵邸（松方正義邸）へ赴ク　侯爵　同令夫人及巖（松方正義の長男）　正作（松方正義の二男）　幸次郎（松方正義の三男）ノ三君相集リ相客ハ川村純藏君（海軍大将の川村純義の二男）ノミ　油絵ハ、ルリミット（フランスの画家）ノ作ニシテ水辺ニ羊群ト牧婦ヲ描ケルモノ也　午餐後モ画談ニ耽リ三時四十五分辞去ス　夜藤島（鹿児島出身の画家、藤島武二）　渡辺　仲ノ三氏来訪　藤君（藤島武二）ハ要談ヲ兼呉昌碩ノ藤花ノ掛物成ル

日記を要約すると、「松方幸次郎君が購入した油絵が欧州より到着したので、招待されて松方正義邸を午前11時過ぎに訪れた。松方正義、同令夫人、松方巌、松方正作、松方幸次郎が集まっていた。ほかに来客は川村純蔵君（鹿児島出身）だけだった。油絵はルリミットの作

品で、水辺で羊の群れと婦人を描いたものだった。昼食後も絵画談義を続けて、午後3時45分に別れの挨拶をして立ち去った。夜は藤島武二君（鹿児島出身）らが来訪した」となる。

大正八年十一月二十八日　金　雨
松方幸次郎君ノ希望ニ因リ三田ノ邸ニ於テ美術館建設ノ為メブラングヰン氏ノ原図ニ基キ相談会催サル　午餐ニ集リタルハ松方氏兄弟三人ヲ始メ大江新太郎氏リーチ氏　正金ノ南條氏及ビ侯爵夫人ノ肖像揮毫中ノ石橋氏ト拙者ヲ合セテ八名ナリ　後チ松方乙彦氏モ見エタリ　ブ氏ノ設計ハ面積外観共ニ単純ニシテ雄大ナリ　経費凡四百万円ヲ要スベシト云フ　右図案閲覧中侯爵ニモ一寸臨席セラル五時頃辞去　渡邊直達君ノ為ニ油土ノ都合ヲ高村翁ニ頼ム

日記を要約すると、「松方幸次郎君の希望で三田の松方公爵（原文は侯爵）邸で美術館建設のための相談会が開催された。集まったのは松方兄弟の3人、大江新太郎氏（明治から昭和にかけての建築家）、バーナードリーチ（イギリス人の美術家）、横浜正金銀行の南條氏、松方正義の夫人の肖像画を描いている石橋氏と私（黒田清輝）の8人。後から松方乙彦氏も来た。ブラングインが作った設計図は面積や外観は雄大なものである。建設経費は400万円、途中松方正義公爵（原文は侯爵）も臨席した。同日夕方5時頃辞去した」となる。

大正九年二月九日　晴
松方幸次郎君予告通リ三時来訪　仏国ノ諸大家ト売買ヲ約セル作品ノ目録ヲ示サレ且ツ四時半迄画談　遂ニ午食ノ暇無ク五時一碗ノ飯ヲ食シ暫時書類調査ニ従事セリ　久我貞三郎君亜非利加　支那　アイノ等ノ土産物持参

大正十年三月十三日　日
訪客五名　松方幸次郎君ハ来二十六日出発渡欧ノ由ナリ　森本大八郎君ハ原稿催促ノ為入来　岡常次ハ研究生ノ競技成績ヲ持参シ又溜池ノ地代値上ヲ取次グ星製薬楼上ナル露国人イリーン兄弟ノ作品展覧会ヲ観ル　会場ニテ寺島伯、農商務次官等ニ遇ヘリ

黒田の日記で分かるように、松方は欧州の美術品収集について黒田から指導や情報を得ていた。

余談だが、大正期の美術史研究家の矢代幸男を松方社長に紹介したのは黒田清輝で、黒田は幸次郎の父、松方正義の肖像画を描いている。黒田のほか鹿児島出身の画家、和田英作、

橋口五葉も松方正義らの薩州財閥と密接に結びついていた。

橋口五葉の画風は松方が欧州で収集した日本の浮世絵の影響を大きく受けているといわれている。

松方コレクションの「寄贈返還」と国立西洋美術館建設

国立西洋美術館は、１９５９（昭和34）年、フランス政府から日本へ「寄贈返還」された「松方コレクション」を保存し一般に公開するために建設された。

「松方コレクション」と呼ばれる美術品類を収集した松方幸次郎は、明治の元勲で総理大臣を務めた松方正義の三男で川崎造船所（現在の川崎重工業の前身）の社長を明治29年から昭和初期まで約32年間務めた。

松方社長は企業人でありながら、なぜ西洋の美術品収集に没頭したのだろうか。

松方社長は日本に美術館を造り、西洋へ行きたくても行けない若い画家たちへ、本物の西洋美術を見せてやりたいという思いから、美術品の収集にあたった。

松方社長が構想していた美術館は「共楽美術館」と命名し、東京の麻布に用地も確保されていた。現在の韓国大使館の敷地である。

しかし昭和2年の金融恐慌が状況を一変させた。川崎造船所のメインバンクの十五銀行の休業により、川崎造船所も経営破たんした。従業員を大量解雇するなど事実上、倒産した。松方社長は解任され、私財を負債の整理に充てざるを得なくなった。松方社長が収集した美術品類は売り立てられ、散逸したが、かなりの数がヨーロッパに残されていた。、パリに残されていた作品（作品数については諸説あり）は、ロダン美術館の一角に保管された。

これらの作品群は第二次世界大戦の末期に敵国人財産としてフランス政府の管理下に置かれ、1951（昭和26）年サンフランシスコ講和条約によってフランスの国有財産となった。これに対して吉田茂首相は、フランス政府に対して返還を求めた。その結果、フランス政府はその大部分を「返還」ではなく「寄贈」という形で日本政府へ渡し、その条件として美術館建設を日本政府へ求めた。

日本政府は1959（昭和34）年、東京の上野に国立西洋美術館の建設を決めた。これには鹿児島の政治家も動いた。

鹿児島出身の政治家床次竹二郎は各界の有力者に建設の意義を訴えた。当時の新聞は床次が美術館建設に動いたことを報道して

松方美術館建設に
床次顧問乗り出す
松方幸次郎氏の「泰西名画展」に感激し
その散逸を憂ひ
巴里、倫敦には
数倍の貴重品
国家で保護したい

都新聞（昭和3年3月31日）

いる。国立西洋美術館は上野恩賜公園内にあり、上野駅に近い一等地に建設された。

そしてフランスから引き渡された絵画類が展示された。前庭に展示されている「ロダンの地獄門」をはじめ、これらの美術品類は「松方コレクション」と呼ばれている。

国立西洋美術館の建設には、鹿児島と関係が深い吉田茂（妻は牧野伸顕の娘）、吉田の通訳白洲次郎の妻・白洲正子が深く関与した。白洲正子は明治期の薩摩人で、松方正義内閣の内務大臣、樺山資記の孫である。

薩摩人が明治期から昭和にかけて残した遺産が国立西洋美術館をはじめ京都や神戸など日本各地に残されている。

「薩摩の先人遺産」の調査と顕彰が求められる。

第九章　松方正義ゆかりの地・鹿児島

鹿児島市内に松方正義ゆかりの地が少なくとも6箇所ある。

①鹿児島市下荒田の甲突川河畔の松方正義像、②鹿児島市下荒田の生誕記念碑と松方公園、③甲突川に架かる松方橋、④鹿児島市南部の谷山神社、⑤鹿児島市南部の谷山インター近くにある征西将軍宮懐良親王遺跡記念碑、⑥小松原公園内にあった島津家の玉里別邸跡（昭和50年頃の区画整理で消滅）である。

このうち谷山神社の境内には松方正義公頌徳碑がある。

なぜここに松方正義公頌徳碑があるのだろうか。

松方正義は鹿児島市下荒田で誕生したが、谷山地区は松方の先祖が住んでいた地で、谷山神社（当時は福元神社と呼称）は1929（昭和4）年、松方の多額の寄付で創建された。神社に設置してある2基の灯篭には松方の三男・松方幸次郎の文字も刻印してある。刻印日は193

谷山神社

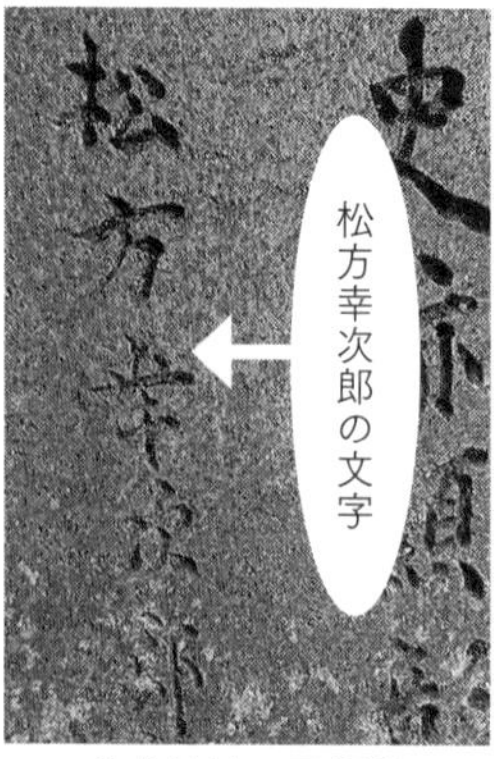

谷山神社の石灯籠

8（昭和13）年7月26日。松方幸次郎が川崎造船所の経営破たんで、社長を辞任したのは1927（昭和2）年4月。社長辞任後、松方幸次郎は衆議院議員として活動していた。この時期と灯篭の刻印日は重なる。

谷山神社の祭神は征西将軍懐良《かねなが》親王である。懐良親王とは南北朝時代（14世紀）の人物で後醍醐天皇（1288－1339）（南朝）の皇子でもあり九州征伐のため征西将軍として谷山に6年間住んでいた。鹿児島市南部の谷山インター近くに「御所が原」という地名が残っている。

松方は「征西将軍懐良親王遺跡記念碑」を「御所が原」に建立した。建立したのは1922（大正11）年で松方が逝去する2年前である。

1909（明治42）年3月17日、松方は海路で鹿児島

松方正義顕彰碑

懐良親王遺跡記念碑

を14年ぶりに訪れた。乗船していた船は京城《けいじょう》丸で、この船は日露戦争で砲艦として参戦した。松方の鹿児島滞在は約1か月間にわたった。その時の記録が『松方侯爵滞鹿日記』として残されている。

『松方侯爵滞鹿日記』は1910（明治43）年6月25日、鹿児島市報徳会が出版した。

日記によると松方は1909（明治42）年3月29日、谷山の祖先の墓参をした後、谷山小学校（当時は森山尋常小学校と呼称）で講演した。講演後谷山地区の有志による歓迎会が島津家玉里邸別邸で行われた。島津家玉里邸別邸は当時、鹿児島市小松原にあり眼前に桜島や錦江湾を望み、敷地は1町歩（約3000坪）あった。現在、この地は公園になっている。

約1か月間にわたる日記の中で筆者が注目する2カ所の記述がある。

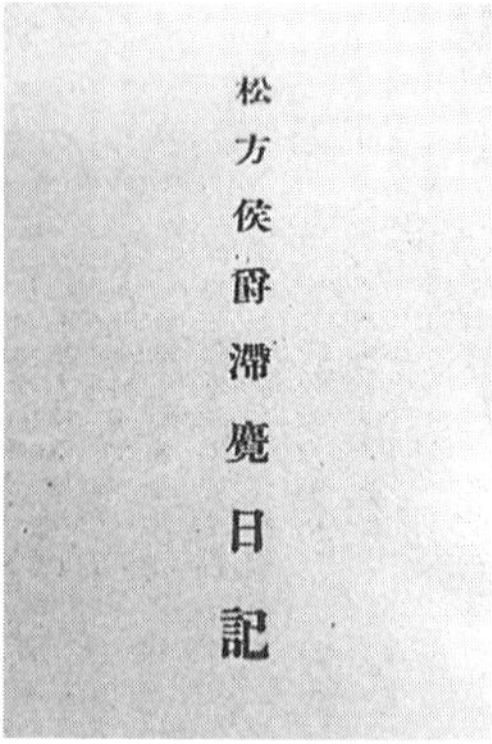
松方侯爵滯麑日記

松方侯爵滞鹿日記

島津家玉里邸別邸跡
（鹿児島市小松原）

１９０９（明治42）年３月24日、島津家玉里邸別邸で松方侯爵の歓迎会が行われた。この歓迎会には当時の鹿児島の有力者が招かれたが、その中に島津治子（１８７８－１９７０）も含まれていた。

その４日後の１９０９（明治42）年３月28日、松方は鹿児島の清水町にあった鶴嶺女学校を訪問した。

鶴嶺女学校は島津治子が校長で、松方は鹿児島の女子教育の発展のために３００円を寄付した。当時の小学校の教員の初任給は10円から13円だったといわれている。島津治子は島津久光の孫で当時31歳。その後、大正12年、皇宮女官長に就任。

松方はこの時期から島津治子を皇宮女官長候補として考えていたのかもしれない。

松方は１９２２（大正11）年まで内大臣を務めていた。

松方の政治力は十分にあったと推察される。

島津治子は１９３６（昭和11）年、神聖龍神会事件に

島津治子

警視廳邪教にメス
島津元女官長を檢擧
前代議士夫人も留置

東京朝日新
（昭和11年8月29日）

関与し不敬罪で逮捕された。これは島津ハル事件とも呼ばれている。松本清張も遺作『神々の乱心』で島津治子を描いている。松本清張はこの事件での島津治子の関与を強く示唆している。薩州財閥は皇室へも影響力を保持していたと推察する。

鹿児島市下荒田には松方の生誕地の記念碑がある。記念碑は１９２４（大正13）年４月に建立された。松方が90歳で逝去する３か月前で、松方は88歳まで内大臣として常に天皇の近くで皇室を補佐する官職を務めていた。

生誕記念碑が建立された後、鹿児島には松方を顕彰する銅像は無かったが、２００８（平成20）年５月、生誕地の近くの甲突川河畔に高さ３・６メートルの銅像が建立された。

松方は西郷、大久保と並ぶ功績を誇りながら死後84年

松方正義誕生地

松方正義像

間、鹿児島では注目度が低かった。

総理大臣を2度務め、日本銀行を創設するなど松方が残した功績は大きい。銅像建立により松方正義は生誕地で永遠に存在することになった。

あとがき「薩摩の芋づる」と歴史研究

幕末から明治初期にかけて多くの薩摩人が日本を動かした。西郷隆盛、大久保利通が代表的な人物である。

これらの薩摩人と血縁や地縁で結ばれた同志たちは、明治中期から大正を経て昭和初期まで政治、経済、文化の分野でつながり、日本を動かしていた。

「肥後の引き倒し（足を引っ張る）」に対して「薩摩の芋づる（人脈を大切にする）」という言葉も生まれた。「薩摩の芋づる」は明治から昭和初期まで日本の政財界などを水面下でリードする存在だった。

その代表が松方正義を筆頭にした政界人脈、川崎正蔵を筆頭にした経済人脈、黒田清輝を筆頭にした美術界の人脈だった。

川崎造船所（現在の川崎重工業）、山陽新幹線の新神戸駅周辺の敷地と布引の滝、京都嵐山の料亭（京・翠嵐）、東京の韓国大使館の敷地、イタリア大使館の敷地、東京上野の国立西洋美術館、松方コレクション、黒田記念館などは明治、大正期に活躍した「薩州財閥」と深く関係がある。

しかし昭和の金融恐慌で「薩州財閥」の企業群が倒産し、「薩州財閥」や「薩派」という言葉が死語になった。歴史の舞台から静かに消えた。

鹿児島の歴史研究は、「島津藩、西郷隆盛、明治維新」に偏っている。

だから、これらのゆかりの地は郷土鹿児島では忘れ去られており、歴史から消える可能性がある。

明治期から昭和初期にかけて活躍した薩摩の政財界人の研究が待たれる。

■参考文献

『松方伯時務談』　明治30年9月14日　松方正義国民新聞社
『松方侯爵滞鹿日記』　明治43年6月25日　鹿児島市報徳会
『松侯訓話』　明治43年6月25日鹿児島市報徳会
『近代美術関係新聞記事資料集成』　昭和16年12月　東京美術学校
『みづゑ』　昭和3年5月3日　春鳥会
『みづゑ』　昭和22年5月3日　日本美術出版
『日本銀行金融資料・昭和編24巻』　昭和40年7月18日　日本銀行調査局
『東洋経済新報』　大正13年
『住宅建築の実際』　昭和7年6月1日　山田醇　新光社
『歴史と神戸』　昭和37年8月15日　神戸史学会
『歴史と神戸』第16号他　昭和42年8月1日　神戸史学会
『神戸市史紀要17号』　昭和62年3月　神戸市市長総局
『明治期の産業発展と企業家活動』　平成25年12月　濱田信夫
『遠き近き』　昭和26年10月1日　松方三郎
『藝術のパトロン』　昭和33年10月5日　矢代幸雄

『藝術新潮』　昭和34年6月1日　新潮社
『川崎造船所40年史』　昭和11年11月5日　川崎造船所
『川崎重工業株式会社社史』　昭和34年12月25日　川崎重工業
『三井銀行八十年史』　昭和32年11月25日　三井銀行
『男爵郷誠之助君傳』　昭和18年11月30日　後藤國彦
『川崎芳太郎』　大正10年7月10日　岩崎虔
『政商から財閥へ』　昭和39年4月5日　楫西光速　筑摩書房
『造船王　川崎正蔵の生涯』　平成5年7月　三島康雄　同文館
『黒田清輝日記』　昭和43年　中央公論美術出版
『MUSEUM』　昭和59年2月1日　ミュージアム出版
『西洋絵画の到来』　平成19年11月12日　宮崎克己
『中央美術』　大正8年8月号
『都新聞』　昭和3年3月31日他
『東京朝日新聞』　昭和2年7月6日他
『大阪毎日新聞』　大正元年12月4日他
『大阪朝日新聞』　大正元年12月9日他

『南日本新聞』　平成23年1月3日
『甲南経営研究18巻』　昭和53年3月他　甲南大学経営学会
『経営史学』　昭和53年6月　東京大学出版会
『大久保利通文書』　早稲田大学所蔵
『阪神財閥』　昭和59年7月　三島康雄
『権力に対峙した男・下巻』　平成30年3月25日　米村秀司
『川崎正蔵』　大正5年11月9日　山本実彦
『横から見た華族物語』　昭和7年6月29日　山口愛川　一心社出版部
『西洋近代絵画と松方コレクション図録』　平成26年　鹿児島市立美術館他
『絹と武士』　昭和62年11月1日　ハル・松方・ライシャワー
『公爵島津家蔵品入札目録』　昭和3年5月26日
『ホウライ80年史』　平成20年11月　ホウライ株式会社
『大正期の政治構造』　平成10年11月　吉川弘文館
『火輪の海　松方幸次郎とその時代』　平成19年12月20日　神戸新聞社
『快男児！上原三郎どんとこい人生』　昭和57年10月3日　上原三郎　南日本開発センター

■著者略歴

米村秀司（よねむら・しゅうじ）

1949年生まれ。1971年３月、同志社大学卒。1971年４月、ＫＴＳ鹿児島テレビ放送入社。報道部長、編成業務局長、企画開発局長などを経て現在、鹿児島シティエフエム代表取締役社長。2019年11月、第39回地方の時代映像祭パネリスト（NHK Eテレで全国放送）。
インスタグラムによる番組配信や『ひきこもり脱出ラジオ』などの番組制作を手がける。

【主な著書等】
「テレビ対談・さつま八面鏡」（鹿児島テレビ放送（編・著）、1979年10月）
「欽ちゃんの全日本仮装大賞」（日本テレビ放送網（共・編）、1983年９月）
「博学紀行・鹿児島県」（福武書店（共著）、1983年11月）
「スペインと日本」（行路社（共著）、2000年３月）
「消えた学院」（ラグーナ出版、2011年７月）
「ラジオは君を救ったか？」（ラグーナ出版、2012年６月）
「第18回日本自費出版文化賞」に入選
「岐路に立つラジオ」（ラグーナ出版、2015年５月）
「日本図書館協会選定図書」に選ばれる
「そのときラジオは何を伝えたか」（ラグーナ出版、2016年９月）
「権力に対峙した男—新・西郷隆盛研究—上巻」（ラグーナ出版、2017年９月）
「権力に対峙した男—新・西郷隆盛研究—下巻」（ラグーナ出版、2018年３月）
「第39回地方の時代映像祭　シンポジウム抄録」（ラグーナ出版、2020年１月）

昭和金融恐慌と薩州財閥
——川崎造船所・十五銀行　崩壊の軌跡

二〇二〇年十月一日　第一刷発行

著　者　米村秀司
（鹿児島シティエフエム㈱　代表取締役社長）
発行者　川畑善博
発行所　株式会社　ラグーナ出版
〒八九二－〇八四七
鹿児島市西千石町三－二六－三F
電　話　〇九九－二一九－九七五〇
ＦＡＸ　〇九九－二一九－九七〇一
URL https://lagunapublishing.co.jp
e-mail info@lagunapublishing.co.jp

装丁　栫　陽子
印刷・製本　シナノ書籍印刷株式会社
定価はカバーに表示しています
乱丁・落丁はお取り替えします
ISBN978-4-904380-96-3　C0021